鉄骨精度測定指針

Recommendation for Quality Criteria
and
Inspection Standards of Steel Structures

1982 制 定
2018 改 定

日本建築学会

本書のご利用にあたって
本書は，作成時点での最新の学術的知見をもとに，技術者の判断に資する標準的な考え方や技術の可能性を示したものであり，法令等の根拠を示すものではありません．ご利用に際しては，本書が最新版であることをご確認ください．なお，本会は，本書に起因する損害に対して一切の責任を負いません．

ご案内
本書の著作権・出版権は(一社)日本建築学会にあります．本書より著書・論文等への引用・転載にあたっては必ず本会の許諾を得てください．
Ⓡ〈学術著作権協会委託出版物〉
本書の無断複写は，著作権法上での例外を除き禁じられています．本書を複写される場合は，学術著作権協会（03-3475-5618）の許諾を受けてください．

一般社団法人　日本建築学会

鉄骨精度測定指針改定8版の序

　今回,「建築工事標準仕様書JASS 6鉄骨工事」「鉄骨工事技術指針・工場製作編」「鉄骨工事技術指針・工事現場施工編」および本書の4冊が同時改定された.

　今回の改定は,JASS 6の改定を受けての改定が主であるが,本指針の5章に記述していた「部材精度の受入検査方法」は,今回の改定でJASS 6付則7「寸法精度受入検査基準」として設定され,この寸法精度受入検査方法の具体的内容は,鉄骨工事技術指針・工場製作編8章「検査」の中に取り込まれるなど,本指針としては比較的大きな改定となっている.その他,JASS 6および技術指針の改定に関連する事項の改定を行っている.

　改定の議論の中で,前回同様,鉄骨精度測定指針としては本会の見解を示すという従来の方針を踏襲し,建築基準法と整合していない点があることに注意して頂きたい.

　本指針の位置付けや従来からの基本的な考え方,つまり本指針に定められている検査項目において必要な測定器具とその取扱い方法,標準的な測定方法,管理許容差,限界許容差の考え方,部材の寸法精度の受入検査方法等については変更していない.

　本指針で述べている測定方法は,本会が標準的方法として提示するものであり,工事監理者,施工者等が独自の測定方法を採用することを排除するものではない.しかしながら,関係者が同じ検査方法,同じ検査水準で検査を行うことが重要であり,本指針によらない測定方法により検査を行う場合も事前に関係者間で合意して検査する必要がある.そのために本指針は意義があると考えている.

　鉄骨工事運営委員会,担当小委員会としては,今後とも調査研究を継続し,より使いやすい指針にしたいと考えており,本指針を利用される方々の忌憚のない意見を期待している.

2018年1月

日本建築学会

改定7版の序

　これまでの鉄骨精度測定指針の改定は，「建築工事標準仕様書JASS 6鉄骨工事」および「鉄骨工事技術指針」の改定の際に，鉄骨の製作ならびに施工に際しての寸法許容差を定めたJASS 6付則6「鉄骨精度検査基準」とこれに関連する9節「製品検査・発送」と合わせて見直されている．

　今回の改定は，「建築工事標準仕様書JASS 6鉄骨工事」および「鉄骨工事技術指針」の改定とは別に，鉄骨造建築物の大型化，複雑化および免震化・制振化が増加する鉄骨製作の実状を踏まえて，これらに関連する項目について見直しを行った．

　改定の議論の中で，前回同様，建築基準法との整合が話題となったが，鉄骨精度測定指針としては本会の見解を示すという従来の方針を踏襲し，建築基準法と整合していない点があることに注意して頂きたい．

　本指針の位置付けや従来からの基本的な考え方，つまり本指針に定められている測定項目において必要な計測機器とその取扱い方法，標準的な測定方法，管理許容差，限界許容差の考え方，部材の寸法精度の受入検査方法等については変更していない．

　ただし，従来より多用されている冷間成形角形鋼管は，大臣認定品としての寸法許容差によるものとして適用外としていたが，柱部材となった場合の寸法精度の扱いが明確ではなかったので，関係団体との協議にて，大臣認定品としての寸法許容差が鉄骨製品に対する寸法許容差として適用できることを確認し，今回の改定において一部の測定項目を本指針に取り込んだ．そのほか，新たに設けた測定項目については，関係団体の意見およびその他の測定項目の許容差を参考に決定した．測定項目として新たに設けるには検討が足りなかった項目については，関連事項に解説または許容差の例を示した．また，従来からの測定方法，測定器具および測定治具については若干の見直しを行った．

　本指針で述べている測定方法は，本会が標準的方法として提示するものであり，工事監理者，施工者等が独自の測定方法を採用することを排除するものではない．しかしながら，関係者が同じ検査方法，同じ検査水準で検査を行うことが重要であり，本指針によらない測定方法により検査を行う場合も事前に関係者間で合意して検査する必要がある．そのために本指針は意義があると考えている．

　鉄骨工事運営委員会，担当小委員会としては，今後とも調査研究を継続し，より使いやすい指針にしたいと考えており，本指針を利用される方々の忌憚のない意見を期待している．

2014年10月

日本建築学会

改定6版の序

　今回,「建築工事標準仕様書 JASS6 鉄骨工事」「鉄骨工事技術指針　工場製作編,工事現場施工編」および本書の4冊が同時改定された.

　鉄骨の製作ならびに施工に際しての寸法精度の許容差,許容値は JASS6 に付則として定められており,本書の改定と関連させ JASS6「9節製品検査・発送」,JASS6 付則の許容差・許容値についても合わせて検討を行なった.

　今回の改定は「中から小程度の改定にとどめる」との方針で行なわれた.また,改定内容の議論の中で,建築基準法との整合性が話題となったが,鉄骨精度測定指針としては本会としての見解を示すということで意見が統一された.従って,一部,建築基準法と整合していない点があることに注意していただきたい.

　本指針の位置付けや従来からの基本的な考え方,つまり本指針に定められている検査項目を測定するために必要な計測機器とその取扱い方法,標準的な測定方法,管理許容差,限界許容差の考え方,部材精度の受入検査方法等については変更していない.

　しかしながら,梁端部での工事現場溶接工法の採用が多くなっている現状を踏まえ,この工法における標準的な各種寸法測定位置を提示,測定方法等を新たに追記した.また,従来からの測定方法,測定治具については若干の見直しを行なった.

　平成12年の建築基準法の改正以降,寸法精度検査について,人々の関心が高くなっている.本書で述べている方法は本会が標準的方法として提示するものであり,工事監理者,施工者等が独自の測定方法を採用することを排除するものではない.しかしながら,関係者が同じ測定方法,検査レベルで検査することが大事である.そのために本書の意義があると考えている.

　鉄骨工事運営委員会,担当小委員会としては今後とも調査研究を継続し,より使いやすい指針にしたいと考えている.そのためにも,本指針を利用される方々の忌憚のないご意見をお寄せいただきたい.

2007年2月

日本建築学会

SI 単位版の序

　近年，各分野でSI単位化が進められている．建築の分野でもSI単位を使うことが義務付けられ，次第に浸透しつつある．また，JISなどの改正により，これらと整合しない部分が一部に生じた．そこで，これらの点を解消すべくSI単位版を発行することにした．
　このSI単位化は，以下のような方針で行われた．

1) 　基本的にはSI単位化にかかわる修正のみに留める．
2) 　本会の規準，指針等のSI単位化の方針と整合させる．
3) 　JISなどの関連規格と整合させ，社会的に混乱が生じないようにする．

　2003年5月

日本建築学会

改定4版の序

　1996年2月に「建築工事標準仕様書JASS 6鉄骨工事」「鉄骨工事技術指針」が同時に改定された．これは，従来これらが交互に改定され，内容に差異が生じがちであった弊害を除去するためである．鉄骨の製作ならびに施工に際しての寸法精度の許容差はJASS 6付則6「鉄骨精度検査基準」として定められているが，本書「鉄骨精度測定指針」は，これと関連する9節「製品検査・発送」と合わせて見直された．鉄骨工事運営委員会，担当各小委員会が付則6の許容差の値，検査項目の名称・測定方法等を見直し，精度小委員会が取りまとめるという方法を採った．見直しは，主に関連する諸団体の規格・標準類の改定への対応として，管理許容差・限界許容差の数値の関係で整合を取る，検査項目や測定方法をあるべき姿とするという観点で行われた．

　今回の改定の主な目的は，上記の主旨に則りJASS 6等との内容の差異を解消することである．したがって「鉄骨精度測定指針」の従来からの基本的考え方，つまりJASS 6付則6「鉄骨精度検査基準」に定められている検査項目を測定するのに必要な計測器とその取扱い方法，標準的な測定方法の詳細を述べるという考え方はそのまま踏襲している．

　検査項目の名称や測定方法は，JASS 6付則6に整合させているので若干の修正があるが，許容差の考え方，つまり，管理許容差は製作または施工上の目標値，限界許容差は個々の部材の合否判定値という認識に変更はない．また，部材精度の受入検査方法では検査ロットの大きさを変更したが，全体の考え方や検査手順等に大きな変更はない．

　改定案審議の中で，第5章「部材精度の受入検査方法」は測定方法そのものとは違うので「鉄骨工事技術指針・工事現場施工編」へ移すという意見もあったが，検査業務での使いやすさ等を考慮し本指針に含めた．ただし，JASS 6の5.13 a「溶接部の表面欠陥および精度の検査」でのロット合否判定では限界許容差を用いている．

　従来から検討課題となっている部材単品の誤差と累積誤差の関係や，累積誤差の許容差の具体的な値の設定，許容差に関する理論的根拠等については新しい提案ができなかった．今後，さらに検討する必要がある．ただし，累積誤差を建方時の管理値として工事現場でどのように使用するかについては，「鉄骨工事技術指針・工事現場施工編」で言及している．

　不良鉄骨問題，兵庫県南部地震の被災等から鉄骨造の品質管理についてより関心が高まっている．鉄骨の発注側・受注側が同じ測定方法，同じ検査レベルで精度検査にあたることが大事である．そのために本指針の意義がある．鉄骨工事運営委員会，担当小委員会としては，調査研究を継続しさらなる検討をしていきたいと考えており，本指針を利用される方々，特に実際に測定業務を行っている方々の忌憚のない意見を期待している．

　1996年11月

日本建築学会

改定3版の序

　鉄骨工事運営委員会では，平成3年2月を目標に「建築工事標準仕様書 JASS 6 鉄骨工事」の大改定作業を進めてきた．

　同書では，昭和62年3月に改定された「鉄骨工事技術指針・工場製作編」および「同・工事現場施工編」との整合性を図るとともに，新しい事項を盛り込むなど全面的な改定が行われているが，「鉄骨精度測定指針」と密接な関係のある9節「製品検査・発送」および付則6「鉄骨精度検査基準」なども大幅改定された．

　そのため，「鉄骨精度測定指針」の改定を JASS 6 の改定に合わせて行った．以下に主な改定点を示す．

　1. JASS 6. 9節「製品検査・発送」では，鉄骨部材の寸法精度の検査方法が大幅に改定されている．

　社内検査は，特記のない場合，柱の長さ・階高・仕口部の長さ・柱のせい・仕口部のせい・梁の長さ・梁のせいの7項目については全数検査とし，検査成績表は記録することになっている．一方，受入検査は，特記のない場合，上記7項目に対する「書類検査」によることとし，受入検査時に実物の測定を行う「対物検査」を行う場合は，特記を必要とする．

　「対物検査」を行う場合は，特記された方法で行われることになるが，標準的な抜取検査方法が解説に示されている．この方法は，「鉄骨精度測定指針」（昭和61年版）に示されるルートⅢと同じ方法である．

　これを受けて，「鉄骨精度測定指針」では，5章「部材精度の受入検査方法」において，JASS 6 解説に示される「対物検査」の抜取検査方法に対して詳細な解説を行っている．さらに，「書類検査」を2種類（書類検査1，2）「対物検査」を JASS 6 解説の方法を含めて3種類（対物検査1，2，3）提案し，これらの組合せから得られる8種類の受入検査方法選定フローとその使用例を示している．

　2. JASS 6 付則6「鉄骨精度検査基準」では，これまでの基準許容差・標準許容差を限界許容差・管理許容差に名称変更し，その適用方法を明確にしている．

　限界許容差は，これまでの基準許容差と同様，これを超える誤差は原則として許されない最終的な個々の製品の合否判定のための基準値として用いられている．一方，管理許容差は，95％以上の製品が満足するような製作・施工上の目安として定めた許容差であり，部材の寸法精度の受入検査では，検査ロットの合否判定のための個々の製品の合否判定値として用いられている．

　この改定に伴い，付則6では，すべての検査項目に限界許容差と管理許容差が定められている．これは，改定前の基準許容差と標準許容差が混同して用いられていたことや，標準許容差のみが規定されている検査項目において個々の製品の合否判定許容差が存在しないことなど，これまでに指摘されていた点を改めたためである．

　これを受けて，「鉄骨精度測定指針」では，3章「精度基準と測定方法」を付則6に整合するよ

うに改定を行った．とくに，限界許容差・管理許容差に対する考え方，両者の数値の関係，使用方法について詳しく解説し，付則を補充している．

　鉄骨造の建物が多くなった昨今，品質確保について特に感心が高まったこの時期に本指針の改定が行われることは非常に意義深いものと信ずる．

　今回，前改定時の抜取り検査方法について実施結果をもとに，改善をした新しい方法を提案した．

　しかしながら，個別部材の誤差と累積誤差の関係，偏りとばらつきによる管理の有用性，誤差防止方法，許容差に関する理論的根拠・品質水準の層別等については，今後さらに検討する必要がある．計測器についても，今般四種の精度の高い機器を開発したので，掲載したが，さらに他の部分に付いても，検討すべき事項が残されている．本小委員会として，調査，研究をさらに進めたいと考えており，本指針を利用される会員各位の忌憚ない意見を期待している．

　1991年2月

日本建築学会

改定2版の序

　鉄骨精度測定指針が現在の形式で出版されたのは昭和57年10月である．この出版の目的は「日本建築学会建築工事標準仕様書6 鉄骨工事」(JASS 6)の付則6「鉄骨精度検査基準」に定めた検査項目を測定するのに必要な計測器とその取扱い方法，標準的な測定方法の詳細を解説風に述べようとしたものであった．

　しかしながら，昭和57年当時は調査・研究が十分でなく，具体的提案に至らなかった事項がいくつかあった．計測器に必要な性能とその保守・点検方法，抜取り検査方法に関する事項がその主なものである．

　本会としては，昭和57年10月制定以来，これらについて鋭意，調査・研究を続け，一応の結論に得るに至った．検査項目およびその許容差についても，学術面および実際面からの検討を続け，その一部について改定を必要とするに至った．

　そのため，今回，本会が「鉄骨工事技術指針」を改定（昭和62年3月刊行予定）するに際し，本指針をも同時に改定することとした．この改定はJASS 6の一部改定となるので，「建築雑誌」1985年12月号誌上にて改定案を広く会員諸氏に提示し，ご意見をいただいた．

　鉄骨工場の認定や検査に関する関心が著しく高まったこの時期に，本指針の改定が行われることは，非常に意義深いものと信ずる．

　しかしながら，個別部材の誤差と累積誤差の関係，偏りとばらつきによる管理の有用性，誤差防止方法，許容差に関する理論的根拠，品質水準の層別等については，今後さらに検討する必要がある．また，抜取り検査方法についても，実施結果をフォローする必要があり，計測器についてもさらに検討すべき事項が残されている．

　本会としても，これらの調査・研究をいっそう進めたいと考えており，本指針を利用される会員各位の忌憚ないご意見を期待する．

　建設業の国際化が急速に進展しつつある今日，鉄骨精度についても，この観点からの見直しが今後必要になると思われる．

　昭和61年7月

日本建築学会

初　版　序 （昭和 57 年 10 月）

　本会が最初に鉄骨制度に関する標準（案）を発表したのは昭和 45 年である．この案は会員各位，関係方面の意見を採り入れて 2 年後の昭和 47 年に「鉄骨工事精度標準」として建築雑誌 7 月号に制定発表した．

　以後 10 年の間に，この標準をよりどころとして数多くの鉄骨造が建造され，多くの経験が蓄積されてきた．この蓄積された貴重な経験をもとに，本会は，このたび「鉄骨工事精度標準」を全面的に見直し，「日本建築学会建築工事標準仕様書 6 鉄骨工事」（JASS 6）の付則 6 として「鉄骨精度検査基準」を定めた．

　現在，鉄骨造の信頼性の確保がまず第 1 に必要な時代となっている．特に鉄骨精度は許容差が基本であり，その測定方法が妥当でなければ意味を持たない．本測定指針は，前述の「鉄骨精度検査基準」に定めた各種の寸法を具体的に測定するための機器，およびその方法の標準をマニュアル風にとりまとめたものである．

　溶接部の品質確保のためには，すでに本会は「鋼構造建築溶接部の超音波検査基準」を刊行しているが，これに加えて「鉄骨精度検査基準」および，この「鉄骨精度測定指針」を刊行することにより，鉄骨造の安全性・信頼性確保のためのすべての基本が定められたことになる．

　なお本指針は，計測器の保守管理及び測定データ処理方法についても言及している．これまでデータ処理方法が統一されていなかったため，多くのデータが有効に利用できなかったが，本指針に従って計測・処理が行われれば，今後，鉄骨精度に関する情報の蓄積が飛躍的に増加するであろう．

　本指針は，鉄骨工事の品質管理上不可欠な測定についての標準を提示することにより，我が国の鉄骨造の品質がより一層高まり，ますます信頼されるものとなることを期待している．なお，計測器の保守管理についてのより詳細な標準が定められ，抜取り検査方法についても規定されることが必要と考えているが，これらについても本分科会として調査研究を進めたいと考えている．

　本指針の充実のために，本書を利用される会員各位の忌憚なき御意見を寄せられることを期待している．

昭和 57 年 10 月

日本建築学会

指針作成関係委員 (2018年1月)
——(五十音順・敬称略)——

材料施工委員会本委員会
委員長　早川　光敬
幹　事　橘　高義典　　與石　直幸　　橋田　　浩　　山田　人司
委　員　(略)

鉄骨工事運営委員会
主　査　田中　　剛　(吹田　啓一郎)
幹　事　犬伏　　昭　　桑原　　進　　山田　丈富
委　員　新井　　聡　　五十嵐　規矩夫　一戸　康生　　加賀美　安男
　　　　(上平　綱昭)　小林　秀雄　　(才木　　潤)　(坂本　眞一)
　　　　嶋　　　徹　　(鈴木　励一)　宋　　勇勲　　高浦　弘至
　　　　高野　昭市　　田中　宏明　　西山　　功　　原田　幸博
　　　　松下　眞治　　松本　由香　　的場　　耕　　三村　麻里
　　　　護　　雅典　　森岡　研三　　横田　和伸　　横田　泰之

JASS6改定小委員会
主　査　田中　　剛
幹　事　桑原　　進　　坂本　眞一　　松下　眞治
委　員　五十嵐　規矩夫　犬伏　　昭　　加賀美　安男　上平　綱昭
　　　　嶋　　　徹　　(吹田　啓一郎)　原田　幸博　　松本　由香
　　　　護　　雅典　　森岡　研三　　山田　丈富

鉄骨精度測定小委員会
主　査　加賀美　安男
幹　事　森岡　研三
委　員　犬伏　　昭　　吉敷　祥一　　多田　健次　　(遠山　和裕)
　　　　中島　泰明　　西沢　　淳　　羽石　良一　　藤田　哲也
　　　　堀　　望智大　護　　雅典　　油田　憲二　　渡辺　　忍

（　）内は元委員

鉄骨精度測定指針

目　　　次

はじめに……………………………………………………………………………………………1

1章　総　　　則
　1.1　適 用 範 囲……………………………………………………………………………5
　1.2　用　　　語……………………………………………………………………………5
　1.3　鉄骨精度検査基準……………………………………………………………………6

2章　測定技術者……………………………………………………………………………28

3章　精度基準と測定方法
　3.1　一 般 事 項……………………………………………………………………………29
　3.2　鉄骨の精度基準を定める場合に考慮すべき要因…………………………………29
　3.3　限界許容差と管理許容差……………………………………………………………33
　3.4　工作および組立て……………………………………………………………………34
　3.5　高力ボルト……………………………………………………………………………49
　3.6　溶　　　接……………………………………………………………………………54
　3.7　製　　　品……………………………………………………………………………76
　3.8　工 事 現 場……………………………………………………………………………117

4章　測定器の精度と保守・管理
　4.1　鉄骨工事の精度と測定器……………………………………………………………125
　4.2　測定器の種類…………………………………………………………………………127
　4.3　測定器の保守・管理…………………………………………………………………134

5章　記　　　録
　5.1　工作および組立て……………………………………………………………………139
　5.2　高力ボルト……………………………………………………………………………139
　5.3　溶　　　接……………………………………………………………………………140
　5.4　製　　　品……………………………………………………………………………142
　5.5　工 事 現 場……………………………………………………………………………150

付　　録

付 1. JIS B 0601：2013　製品の幾何特性仕様(GPS)—表面性状：輪郭曲線方式—
　　　　　　　　　　　用語，定義及び表面性状パラメータ（抜粋） ………………………… 153
付 2. JIS B 7502：2016　マイクロメータ（抜粋） ……………………………………………… 158
付 3. JIS B 7507：2016　ノギス（抜粋） ………………………………………………………… 164
付 4. JIS B 7512：2016　鋼製巻尺（抜粋） ……………………………………………………… 172
付 5. JIS B 7514：1977　直定規（抜粋） ………………………………………………………… 177
付 6. JIS B 7516：2005　金属製直尺（抜粋） …………………………………………………… 179
付 7. JIS B 7526：1995　直角定規（抜粋） ……………………………………………………… 182
付 8. JIS B 7534：2005　金属製角度直尺（抜粋） ……………………………………………… 188
付 9. JIS G 3192：2014　熱間圧延形鋼の形状，寸法，質量及びその許容差（抜粋） ………… 192
付 10. JIS G 3136：2012　建築構造用圧延鋼材（抜粋） ………………………………………… 196
付 11. (一社)日本鉄鋼連盟　製品規定 …………………………………………………………… 200
　　　　建築構造用冷間ロール成形角形鋼管（BCR295）（抜粋） ……………………………… 200
　　　　建築構造用冷間プレス成形角形鋼管（BCP235，BCP325）（抜粋） ………………… 203
　　　　建築構造用高性能冷間プレス成形角形鋼管（BCP325T）（抜粋） …………………… 206
付 12. JIS Z 8103：2000　計測用語（抜粋） ……………………………………………………… 209
付 13. JIS Z 8401：1999　数値の丸め方（抜粋） ………………………………………………… 213

鉄骨精度測定指針

श्रीहरिः

はじめに

「鉄骨精度測定指針」制定の経緯について

　日本建築学会材料施工委員会の第5分科会（JASS 6担当）では，昭和45年6月に「鉄骨工事精度標準案」の起案発表を行った．アンケート調査は，精度のランクを程度A（中高層ビル程度のもの），程度B（低層ビル程度のもの）に分けて行われた．その結果，建物の規模・重要度，構造部材についても，その部材の用途や応力の大きさ・種類・方向などによって，いくつかの等級別精度標準を定める案が出された．しかし最終的には，いたずらに繁雑さをまねくことを避けるために標準的な値に一本化し，一般的な鉄骨の標準値を定めることとした．この標準値を定める対象となる要素は，許容差で表現されるもののみとした．

　許容差を定める場合には，ⅰ）使用上の要求を満たすに十分であること，ⅱ）その標準値内で工作上経済的に製作できるものであることが，討議の基本とされたが，理論的に定めうる許容差はきわめて一部で，アンケート結果を中心として，ほかに実例や諸外国の基準などが参考にされた．

　なお，精度は許容差で表したが，その表現は次の3種類が用いられた．

（1）　指定寸法に対する許容差で表すもの

　　　例：長さ L　　$L \pm 3$ mm

（2）　0からの偏差の許容限界値を与えたもの

　　　例：曲がり e/L　　$e/L = 1/1\,000$

（3）　値を限界値内におさめるように定めたもの

　　　例：ルート間隔 a_1　　$0 \leqq a_1 \leqq 3$ mm

　また，次のものには適用しないとした．

（1）　特記による場合または工事監理者の認めた場合
（2）　特に厳しい精度を必要とする構造物あるいは構造物の部分
（3）　軽微な構造物あるいは構造物の部分
（4）　日本工業規格で定められた鋼材の寸法許容差

　前述の起案は，会員各位ならびに各方面のご意見をいただき，さらに検討が加えられ，一部修正が行われて，建築雑誌の昭和47年7月号に「鉄骨工事精度標準」として制定発表され，昭和48年6月には「鉄骨工事精度標準・同解説」（以下，昭和48年版精度標準という）が刊行された．

　また，昭和52年2月に，第5分科会によって「鉄骨工事技術指針・同解説」（以下，技術指針という）が制定され，「昭和48年版精度標準」は同指針の付録（付1）として収録された．その際，溶接方法の多様化に対処するために，3.「溶接接合の精度」のうち，（5）ルート間隔（裏はつり），（6）ルート間隔（裏当て金），（7）ルート面，（8）開先角度の許容差が修正された．

　昭和57年10月，第5分科会では日本建築学会「建築工事標準仕様書6鉄骨工事」（以下，JASS

6という）を改定した．その際，「昭和48年版精度標準」を再検討し，新しく「鉄骨精度検査基準」を付則6に設けた．この検査基準においては，発注者側の受入検査水準と，施工者の自主的管理水準を混同しないよう区分した．

「昭和48年版精度標準」に定められていた検査項目のうち，リベットに関する項目は除外した．工事場の柱の出入りと梁の曲がりについても，他の項目と重複するので除外した．長さと曲がりについては，柱と梁で区別することとし，仕口のずれと柱のねじれについては，その必要性を重視して新たに検査項目として追加した．さらに測定器具や測定方法についても解説を行い，昭和57年10月に「鉄骨精度測定指針」を刊行した．

「昭和57年版鉄骨精度測定指針」刊行以後

第5分科会（鉄骨工事）では基準および「昭和57年版鉄骨精度測定指針」発表以来，検査項目および許容差についての発注者および製作者へのアンケート調査，製品検査における抜取検査のあり方の検討，測定技術者の測定技量の実態調査，測定方法の調査・検討，測定装置の現状と許容差の関係などを精力的に調査した．その結果，「鉄骨精度検査基準」および「鉄骨精度測定指針」の改定を必要とするとの結論に至り，昭和61年（1986年）7月に改定版を刊行した．

昭和61年（1986年）第2版では，許容差を標準許容差と基準許容差に層別するという考え方は「昭和57年版鉄骨精度測定指針」と変更はないが，検査項目を4項目（溶接組立材端部の不ぞろい，高力ボルト孔のはしあき・へりあき，ウェブの平面度，ベースプレートの折れおよび凹凸）増やした．標準許容差から基準許容差に変更したもの1検査項目（アンダーカット），標準許容差のほかに基準許容差を追加したものが3検査項目（隅肉溶接のサイズ，隅肉溶接の余盛の高さ，突合せ溶接の余盛の高さ）である．後者はマイナス側は構造的に許容できないという観点からのものである．同一検査項目で，加工組立段階で標準許容差を定め，溶接後に基準許容差を定めたものが2検査項目（突合せ溶接継手の食違い，仕口のずれ）ある．1検査項目を3検査項目に分割（通り心とアンカーボルトの位置のずれ，通り心間隔，柱据え付け面高さ）した．許容差を変更したものは17検査項目である．そのほか名称および図の変更も一部行った．

1991年第3版では，標準許容差を管理許容差に，基準許容差を限界許容差とおのおの名称変更し，すべての検査項目に管理許容差と限界許容差を明示した．

管理許容差・限界許容差を明示することにより，これまでの実務面で，標準・基準許容差がすべて基準許容差として取扱われるケースが多く，検査基準が厳しすぎるとの指摘も解消される．

また，製品検査における抜取り検査の方法についても，実務面での運用等の検討を加え，一部変更も行っている．

1996年第4版では許容差を管理許容差と限界許容差に層別するという今までの考え方を変更していないが，11検査項目について許容差，名称ないし図を変更し，また粗さの表示を「S」から「μmRy」へ変更し，さらにJIS改定にあわせ「μmRz」へ変更した．

部材精度の受入検査方法において1検査ロットを構成する計測箇所数を600から300へ変更した．今回の改定版では，これまでと考え方の変更は行っていないが，実務上の運用を考え，梁端工事現

場溶接に関係する測定位置図などを追加するとともに，切断に関する許容差を変更した．

適用範囲の「(5)その他，別に定められた許容差による場合」の対象となる大臣認定品で，（一社）日本鉄鋼連盟が設定した鉄鋼の製品規定の内，建築用途を対象にした冷間成形角形鋼管の製品規定「建築構造用冷間ロール成形角形鋼管（BCR295）」，「建築構造用冷間プレス成形角形鋼管（BCP235・BCP325）」および「建築構造用高性能冷間プレス成形角形鋼管（BCP325T）」の規定に定める寸法許容差は，素管に対する寸法許容差であり，JASS 6 付則 6 の適用範囲外であったが，改定に際し関係団体との協議を経て，切断後の製品に対する寸法許容差として適用できることを確認し，2014 年の改定において一部の測定項目を本指針に取り込んだ．

測定項目としては，「溶接」の項で新たに 3 項目（完全溶込み溶接角継手の余盛高さ，割れ，オーバラップ）を追加し，完全溶込み溶接 T 継手の余盛高さを「裏はつり」と「裏当て金あり」に区別して規定した．完全溶込み溶接角継手の余盛高さは，完全溶込み溶接突合せ継手の余盛高さと同様の許容差とした．完全溶込み溶接 T 継手の余盛高さ（裏はつり）の基準値は，完全溶込み溶接 T 継手（裏当て金あり）と異なる値を設定した．

「製品」の項で新たに 3 項目（梁に取り付くブラケットの位置・長さおよびせい，ブレースガセットの長さ，鋼板壁の高さ・長さ）を追加し，これまで，せいの項目に含まれていた仕口部のせいを別項目とした．

梁に取り付くブラケットの位置・長さおよびせいでは，ブラケットの位置・長さは梁の長さ，ブラケットのせいは仕口部のせいの許容差を適用した．仕口部のせいの許容差は，従来のせいの許容差と同様とした．同時にせいの項目に，（一社）日本鉄鋼連盟が設定した製品規定の冷間成形角形鋼管の辺の長さの許容差をせいの許容差として設け，溶接組立箱形断面のせいと区別した．ブレースガセットの長さの許容差は，様々な検討を重ねて現実的な許容差とし，ガセットのせいについても仕口部のせいと同様の許容差を設けた．鋼板壁の高さ・長さの許容差は，梁の長さと同様の許容差とした．

新たに設けた測定項目以外では，仕口を取り付けない柱の場合の階高の測定位置を見直して，ダイアフラム位置とした．

上記のほかに，ブレース材として採用される十字断面のブレースガセットの許容差について解説を追加した．鋼板壁の許容差に加えて粘性制振壁の取付架台の管理許容差の例を示した．H 形断面の直角度の項に，拡幅梁の直角度に注意喚起する目的で，H 形断面梁端部に鋼板を溶接する場合について，食い違いおよび折れを含めた許容差の例を示した．ベースプレートの折れおよび凹凸では，免震積層ゴムアイソレータに取合う場合のベースプレートの精度の管理許容差の例を示した．

その他，本指針全般に渡り，用語，測定器具と測定方法を見直し修正した．

2018 年の改定では，JASS 6 改定に関連して，本指針が JASS 6 付則 6 「鉄骨精度検査基準」に定める検査項目の解説本であることから，これまで本指針の 5 章に記述していた「部材精度の受入検査方法」は，JASS 6 付則 7 「寸法精度受入検査基準」として移行した．これに伴い，受入検査に必要な書類検査，対物検査の記録用紙例と記入例は，書式を新たにして，本会編「鉄骨工事技術指針・工場製作編」の 8 章「検査」に記述した．

一方で，「高力ボルト」「製品」および「工事現場」の検査項目数に変更はない．

　本指針全般に係わる事項として，本指針で定める検査項目の測定精度（読取り精度）について，各検査項目の測定で実際に使用される測定器具の読取り精度を前提に，記述の一部を修正した．

　「工作および組立て」の項では，JASS 6 付則 5 「完全溶込み溶接・部分溶込み溶接の開先標準」において，ガスシールドアーク溶接およびセルフシールドアーク溶接の開先角度 30° が追加されたことを受けて，ルート間隔（裏当て金あり），ベベル角度 30° および開先角度 30° の許容差を設けた．

　「溶接」の項では，隅肉溶接ののど厚およびサイズの用語を JIS の定義にならって見直した．また，部分溶込み溶接突合せ継手および T 継手の余盛高さの項を新設し，部分溶込み溶接 T 継手については，レ形開先および K 形開先の許容差を定めた．

　「製品」の項では，ベースプレートの折れおよび凹凸の項について，最近の鉄骨製作事情を踏まえて，測定方法の解説を加えた．

　付録の各 JIS は最新のものに修正し，（一社）日本鉄鋼連盟製品規定の建築構造用冷間ロール成形角形鋼管（BCR295），建築構造用プレス成形角形鋼管（BCP235・BCP325）および建築構造用高性能冷間プレス成形角形鋼管（BCP325T）も最新のものとした．

1章 総　　則

1.1　適用範囲

　本指針は，建築工事標準仕様書 JASS 6 鉄骨工事（以下，JASS 6 という）付則 6『鉄骨精度検査基準』（本指針の 1.3 に示す）の使い方の詳細を示したものであり，一般の鉄骨について適用し，下記の項目には適用しない．
　（1）　特記による場合または工事監理者の認めた場合
　（2）　特別な精度を必要とする構造物あるいは構造物の部分として認められた場合
　（3）　軽微な構造物あるいは構造物の部分として認められた場合
　（4）　日本工業規格で定められた鋼材の寸法許容差による場合
　（5）　その他，別に定められた許容差による場合（大臣認定品としての BCR295，BCP235，BCP325 および BCP325T は除く）

1.2　用　　語

　本節では，本指針に用いられる主な用語を定義する．
精　　度：確かさの度合いをいう．かたよりの小さい程度，バラツキの小さい程度を含めた測定結果のバラツキの程度，外観の良否の程度．長さ，大きさなど量の正確さをいう場合に寸法精度ということもある．
誤　　差：JIS の定義では，「観測値・測定結果から真の値を引いた値」であるが，ここでは，真の値として，設計図書や工作図の数値などの製作上の目標値が考えられる．通常はこの定義を使用する．例えば，長さの検査においては，測定値から，製作上の目標値を引いた値がこれに該当する．単に「差」と表現することもある．JIS Z 8103 では，相対誤差（誤差の真の値に対する比）を誤差といってもよいとしているので，混同しないよう注意が必要である．
累積誤差：2つ以上の部品が集合する場合の，個々の誤差の総和．
許　容　差：製品の 95％以上が満足するように製作・施工上の目安として定めた目標値の管理許容差と，これを超える誤差は原則として許されないものとして個々の製品の合否判定のために定めた基準値の限界許容差がある．JIS Z 8103 では，a）基準にとった値と，それに対して許容される限界の値との差，b）バラツキが許容される限界の値，としているが，本指針では，① 指定寸法に対する差（例 $L±3$ mm），② 0 からの偏差（例 $e/L=1/1\,000$），③ 許容される範囲（例 $0 ≦ a_1 ≦ 3$ mm）のいずれかにより表す．

1.3 鉄骨精度検査基準

本節では,JASS 6 付則 6「鉄骨精度検査基準」の付表を掲載する.

本節で示す測定方法と同等以上の精度で測定可能であることが確認された方法による場合は,これによらなくてもよい.

寸法の測定に際しては,鋼材の温度による変形・伸縮,部材の剛性を考慮し,測定場所・時期および部材の支持方法を適切に選択しなければならない.測定装置・治具は,所定の精度が得られるよう十分保守・管理されていなければならない.

なお,標準的な測定方法などについては 3 章で解説する.

1.3.1 工作および組立て

名　称	図	管理許容差	限界許容差	測定器具	測定方法
(1) T継手のすき間 e（隅肉溶接）		$e \leqq 2$ mm	$e \leqq 3$ mm	テーパーゲージ 金属製直尺	金属製直尺　テーパーゲージ
(2) 重ね継手のすき間 e		$e \leqq 2$ mm	$e \leqq 3$ mm	テーパーゲージ 金属製直尺	金属製直尺　テーパーゲージ
(3) 突合せ継手の食違い e $t = \min(t_1, t_2)$		$t \leqq 15$ mm 　　$e \leqq 1$ mm $t > 15$ mm 　$e \leqq \dfrac{t}{15}$ かつ $e \leqq 2$ mm	$t \leqq 15$ mm 　　$e \leqq 1.5$ mm $t > 15$ mm 　$e \leqq \dfrac{t}{10}$ かつ $e \leqq 3$ mm	金属製角度直尺 金属製直尺 テーパーゲージ 溶接ゲージ	テーパーゲージ　溶接ゲージ　金属製直尺
(4) ルート間隔（裏はつり）a		被覆アーク溶接 　$0 \leqq a \leqq 2.5$ mm サブマージアーク溶接 　$0 \leqq a \leqq 1$ mm ガスシールドアーク溶接，セルフシールドアーク溶接 　$0 \leqq a \leqq 2$ mm	被覆アーク溶接 　$0 \leqq a \leqq 4$ mm サブマージアーク溶接 　$0 \leqq a \leqq 2$ mm ガスシールドアーク溶接，セルフシールドアーク溶接 　$0 \leqq a \leqq 3$ mm	テーパーゲージ	テーパーゲージ
(5) ルート間隔（裏当て金あり）Δa		被覆アーク溶接 　$\Delta a \geqq -2$ mm $(\theta \geqq 35°)$ ガスシールドアーク溶接，セルフシールドアーク溶接 　$\Delta a \geqq -2$ mm $(\theta \geqq 35°)$ 　$\Delta a \geqq -1$ mm $(\theta < 35°)$ サブマージアーク溶接 　-2 mm $\leqq \Delta a \leqq +2$ mm	被覆アーク溶接 　$\Delta a \geqq -3$ mm $(\theta \geqq 35°)$ ガスシールドアーク溶接，セルフシールドアーク溶接 　$\Delta a \geqq -3$ mm $(\theta \geqq 35°)$ 　$\Delta a \geqq -2$ mm $(\theta < 35°)$ サブマージアーク溶接 　-3 mm $\leqq \Delta a \leqq +3$ mm	限界ゲージ テーパーゲージ	限界ゲージ　テーパーゲージ

1章 総　則 — 7 —

1.3.1　工作および組立て

名称	図	管理許容差	限界許容差	測定器具	測定方法
(1) T継手のすき間（隅肉溶接） e		$e \leq 2$ mm	$e \leq 3$ mm	テーパーゲージ 金属製直尺	
(2) 重ね継手のすき間 e		$e \leq 2$ mm	$e \leq 3$ mm	テーパーゲージ 金属製直尺	
(3) 突合せ継手の食違い e	$t = \min(t_1, t_2)$	$t \leq 15$ mm 　$e \leq 1$ mm $t > 15$ mm 　$e \leq \dfrac{t}{15}$ かつ $e \leq 2$ mm	$t \leq 15$ mm 　$e \leq 1.5$ mm $t > 15$ mm 　$e \leq \dfrac{t}{10}$ かつ $e \leq 3$ mm	金属製 角度製直尺 金属製直尺 テーパーゲージ 溶接ゲージ	
(4) ルート間隔（裏はつりあり） a		被覆アーク溶接 　$0 \leq a \leq 2.5$ mm サブマージアーク溶接 ガスシールドアーク溶接, セルフシールドアーク溶接 　$0 \leq a \leq 1$ mm 　$0 \leq a \leq 2$ mm	被覆アーク溶接 　$0 \leq a \leq 4$ mm サブマージアーク溶接 　$0 \leq a \leq 2$ mm ガスシールドアーク溶接, セルフシールドアーク溶接 　$0 \leq a \leq 3$ mm	テーパーゲージ	
(5) ルート間隔（裏当て金あり） Δa		被覆アーク溶接 　$\Delta a \geq -2$ mm $(\theta \geq 35°)$ ガスシールドアーク溶接, セルフシールドアーク溶接 　$\Delta a \geq -2$ mm $(\theta \geq 35°)$ 　$\Delta a \geq -1$ mm $(\theta < 35°)$ サブマージアーク溶接 　-2 mm $\leq \Delta a \leq +2$ mm	被覆アーク溶接 　$\Delta a \geq -3$ mm $(\theta \geq 35°)$ ガスシールドアーク溶接, セルフシールドアーク溶接 　$\Delta a \geq -3$ mm $(\theta \geq 35°)$ 　$\Delta a \geq -2$ mm $(\theta < 35°)$ サブマージアーク溶接 　-3 mm $\leq \Delta a \leq +3$ mm	限界ゲージ テーパーゲージ	

名称	図	管理許容差	限界許容差	測定器具	測定方法
(6) ルート面 Δa		被覆アーク溶接，ガスシールドアーク溶接，セルフシールドアーク溶接 裏当て金なし $\Delta a \leq 2\,mm$ 裏当て金あり $\Delta a \leq 1\,mm$ サブマージアーク溶接 $\Delta a \leq 2\,mm$	被覆アーク溶接，ガスシールドアーク溶接，セルフシールドアーク溶接 裏当て金なし $\Delta a \leq 3\,mm$ 裏当て金あり $\Delta a \leq 2\,mm$ サブマージアーク溶接 $\Delta a \leq 3\,mm$	コンベックス スケール 金属製直尺	
(7) ベベル角度 $\Delta \theta$		$\Delta \theta \geq -2.5° (\theta \geq 35°)$ $\Delta \theta \geq -1° (\theta < 35°)$	$\Delta \theta \geq -5° (\theta \geq 35°)$ $\Delta \theta \geq -2° (\theta < 35°)$	溶接ゲージ	
(8) 開先角度 $\Delta \theta$		$\Delta \theta_1 \geq -5°$ $\Delta \theta_2 \geq -2.5° (\theta \geq 35°)$ $\Delta \theta_2 \geq -1° (\theta < 35°)$	$\Delta \theta_1 \geq -10°$ $\Delta \theta_2 \geq -5° (\theta \geq 35°)$ $\Delta \theta_2 \geq -2° (\theta < 35°)$	限界ゲージ	
(9) 切断面の粗さ		開先内 $100\,\mu m Rz$ 以下 自由縁端 $100\,\mu m Rz$ 以下	開先内 $100\,\mu m Rz$ 以下 自由縁端 $100\,\mu m Rz$ 以下	対比試験片	目視による対比試験片との比較．
(10) 切断面のノッチ深さ d		開先内 $d \leq 0.5\,mm$ 自由縁端 $d \leq 0.5\,mm$	開先内 $d \leq 1\,mm$ 自由縁端 $d \leq 1\,mm$	溶接ゲージ	目視による．

名称	図	管理許容差	限界許容差	測定器具	測定方法
(11) 切断縁の直角度 e		$t \leqq 40\,\text{mm}$ $e \leqq 1\,\text{mm}$ $t > 40\,\text{mm}$ $e \leqq \dfrac{t}{40}$ かつ $e \leqq 1.5\,\text{mm}$	$t \leqq 40\,\text{mm}$ $e \leqq 1.5\,\text{mm}$ $t > 40\,\text{mm}$ $e \leqq \dfrac{1.5\,t}{40}$ かつ $e \leqq 2\,\text{mm}$	金属製角度直尺 テーパーゲージ 溶接ゲージ 直角定規	テーパーゲージ 金属製角度直尺
(12) 仕口のずれ e		$t \geqq t_3$ $e \leqq \dfrac{2\,t}{15}$ かつ $e \leqq 3\,\text{mm}$ $t < t_3$ $e \leqq \dfrac{t}{6}$ かつ $e \leqq 4\,\text{mm}$	$t \geqq t_3$ $e \leqq \dfrac{t}{5}$ かつ $e \leqq 4\,\text{mm}$ $t < t_3$ $e \leqq \dfrac{t}{4}$ かつ $e \leqq 5\,\text{mm}$	コンベックススケール テーパーゲージ 測定治具 金属製直尺	箱形断面柱などの閉鎖断面については、ダイアフラム位置が表面から確認できるよう、前もってけがく必要がある。 テーパーゲージまたは金属製直尺 内ダイアフラム閉鎖断面の場合 $e = a - b$ 内ダイアフラム上面位置のけがき線 コンベックススケール 柱スキンプレート 梁フランジ 測定治具
(13) 溶接組立部材端部のそろい e		$e \leqq 2\,\text{mm}$	$e \leqq 3\,\text{mm}$	金属製角度直尺 直角定規 コンベックススケール 金属製直尺	金属製角度直尺 金属製直尺

1.3.2 高力ボルト

名称	図	管理許容差	限界許容差	測定器具	測定方法
(1) 孔の心ずれ e	設計ボルト心	$e \leq 1\,\text{mm}$	$e \leq 1.5\,\text{mm}$	コンベックス スケール 金属製直尺 型板	ボルト孔心 金属製直尺 基準線
(2) 孔相互の間隔 ΔP	$P+\Delta P$	$-1\,\text{mm} \leq \Delta P \leq +1\,\text{mm}$	$-1.5\,\text{mm} \leq \Delta P \leq +1.5\,\text{mm}$	コンベックス スケール 金属製直尺	金属製直尺
(3) 孔の食違い e		$e \leq 1\,\text{mm}$	$e \leq 1.5\,\text{mm}$	コンベックス スケール 直角定規 貫通ゲージ 金属製直尺	貫通ゲージ 直角定規
(4) 接合部の肌すき e		$e \leq 1\,\text{mm}$	$e \leq 1\,\text{mm}$	テーパーゲージ	テーパーゲージ 仮ボルト締付け後
(5) 孔のはしあき・へりあき Δa	$a_1+\Delta a_1$, $a_2+\Delta a_2$	$\Delta a_1 \geq -2\,\text{mm}$ $\Delta a_2 \geq -2\,\text{mm}$ かつ「鋼構造設計規準」「鋼構造接合設計指針」「高力ボルト接合設計施工ガイドブック」の最小縁端距離を満足すること。	$\Delta a_1 \geq -3\,\text{mm}$ $\Delta a_2 \geq -3\,\text{mm}$ かつ「鋼構造設計規準」「高力ボルト接合設計施工ガイドブック」の最小縁端距離を満足すること。	コンベックス スケール 金属製直尺	金属製直尺

1.3.3 溶　　接

名　称	図	管理許容差	限界許容差	測定器具	測定方法
(1) 隅肉溶接の サイズ ΔS		$0 \leq \Delta S \leq 0.5S$ かつ $\Delta S \leq 5\,\text{mm}$	$0 \leq \Delta S \leq 0.8S$ かつ $\Delta S \leq 8\,\text{mm}$	溶接ゲージ 限界ゲージ	
(2) 隅肉溶接の 余盛高さ Δa		$0 \leq \Delta a \leq 0.4S$ かつ $\Delta a \leq 4\,\text{mm}$	$0 \leq \Delta a \leq 0.6S$ かつ $\Delta a \leq 6\,\text{mm}$	溶接ゲージ	
(3) 完全溶込み 溶接突合せ 継手の余盛 高さ Δh		$B < 15\,\text{mm}\,(h = 0\,\text{mm})$ $0 \leq \Delta h \leq 3\,\text{mm}$ $15\,\text{mm} \leq B < 25\,\text{mm}$ $(h = 0\,\text{mm})$ $0 \leq \Delta h \leq 4\,\text{mm}$ $25\,\text{mm} \leq B\,(h = 0\,\text{mm})$ $0 \leq \Delta h \leq \dfrac{4B}{25}\,\text{mm}$	$B < 15\,\text{mm}\,(h = 0\,\text{mm})$ $0 \leq \Delta h \leq 5\,\text{mm}$ $15\,\text{mm} \leq B < 25\,\text{mm}$ $(h = 0\,\text{mm})$ $0 \leq \Delta h \leq 6\,\text{mm}$ $25\,\text{mm} \leq B\,(h = 0\,\text{mm})$ $0 \leq \Delta h \leq \dfrac{6B}{25}\,\text{mm}$	溶接ゲージ 限界ゲージ	
(4) 完全溶込み 溶接角継手 の余盛高さ Δh		$B < 15\,\text{mm}\,(h = 0\,\text{mm})$ $0 \leq \Delta h \leq 3\,\text{mm}$ $15\,\text{mm} \leq B < 25\,\text{mm}$ $(h = 0\,\text{mm})$ $0 \leq \Delta h \leq 4\,\text{mm}$ $25\,\text{mm} \leq B\,(h = 0\,\text{mm})$ $0 \leq \Delta h \leq \dfrac{4B}{25}\,\text{mm}$	$B < 15\,\text{mm}\,(h = 0\,\text{mm})$ $0 \leq \Delta h \leq 5\,\text{mm}$ $15\,\text{mm} \leq B < 25\,\text{mm}$ $(h = 0\,\text{mm})$ $0 \leq \Delta h \leq 6\,\text{mm}$ $25\,\text{mm} \leq B\,(h = 0\,\text{mm})$ $0 \leq \Delta h \leq \dfrac{6B}{25}\,\text{mm}$	溶接ゲージ 限界ゲージ	

名称	図	管理許容差	限界許容差	測定器具	測定方法
(5) 完全溶込み溶接T継手（裏当て金あり）の余盛高さ Δh		$t \leq 40$ mm $\left(h = \dfrac{t}{4}\text{ mm}\right)$ $0 \leq \Delta h \leq 7$ mm $t > 40$ mm $(h = 10$ mm$)$ $0 \leq \Delta h \leq 10$ mm $0 \leq \Delta h \leq \dfrac{t}{4} - 3$ mm	$t \leq 40$ mm $\left(h = \dfrac{t}{4}\text{ mm}\right)$ $0 \leq \Delta h \leq 10$ mm $t > 40$ mm $(h = 10$ mm$)$ $0 \leq \Delta h \leq 10$ mm $0 \leq \Delta h \leq \dfrac{t}{4}$ mm	溶接ゲージ 限界ゲージ	
(6) 完全溶込み溶接T継手（裏はつり）の余盛高さ Δh		$t \leq 40$ mm $\left(h = \dfrac{t}{8}\text{ mm}\right)$ $0 \leq \Delta h \leq 7$ mm $t > 40$ mm $(h = 5$ mm$)$ $0 \leq \Delta h \leq 5$ mm $0 \leq \Delta h \leq \dfrac{t}{4} - 3$ mm	$t \leq 40$ mm $\left(h = \dfrac{t}{8}\text{ mm}\right)$ $0 \leq \Delta h \leq 10$ mm $t > 40$ mm $(h = 5$ mm$)$ $0 \leq \Delta h \leq 5$ mm $0 \leq \Delta h \leq \dfrac{t}{4}$ mm	溶接ゲージ 限界ゲージ	
(7) 部分溶込み溶接突合せ継手（K形開先）の余盛高さ Δh		$B_1, B_2 < 15$ mm $(h_1 = h_2 = 0$ mm$)$ $0 \leq \Delta h_1 \leq 3$ mm $0 \leq \Delta h_2 \leq 3$ mm 15 mm $\leq B_1, B_2 < 25$ mm $(h_1 = h_2 = 0$ mm$)$ $0 \leq \Delta h_1 \leq 4$ mm $0 \leq \Delta h_2 \leq 4$ mm 25 mm $\leq B_1, B_2$ $(h_1 = h_2 = 0$ mm$)$ $0 \leq \Delta h_1 \leq \dfrac{4B_1}{25}$ mm $0 \leq \Delta h_2 \leq \dfrac{4B_2}{25}$ mm	$B_1, B_2 < 15$ mm $(h_1 = h_2 = 0$ mm$)$ $0 \leq \Delta h_1 \leq 5$ mm $0 \leq \Delta h_2 \leq 5$ mm 15 mm $\leq B_1, B_2 < 25$ mm $(h_1 = h_2 = 0$ mm$)$ $0 \leq \Delta h_1 \leq 6$ mm $0 \leq \Delta h_2 \leq 6$ mm 25 mm $\leq B_1, B_2$ $(h_1 = h_2 = 0$ mm$)$ $0 \leq \Delta h_1 \leq \dfrac{6B_1}{25}$ mm $0 \leq \Delta h_2 \leq \dfrac{6B_2}{25}$ mm	溶接ゲージ 限界ゲージ	

1章 総　　則　— 13 —

名　称	図	管理許容差	限界許容差	測定器具	測　定　方　法
(8) 部分溶込み溶接T継手（レ形開先）の余盛高さ Δh		$D \leq 40\,\text{mm}$ $\left(h = \max\left(\dfrac{D}{4}, 5\right)\text{mm}\right)$ $0 \leq \Delta h \leq 7\,\text{mm}$ $D > 40\,\text{mm}\,(h = 10\,\text{mm})$ $0 \leq \Delta h \leq \dfrac{D}{4} - 3\,\text{mm}$	$D \leq 40\,\text{mm}$ $\left(h = \max\left(\dfrac{D}{4}, 5\right)\text{mm}\right)$ $0 \leq \Delta h \leq 10\,\text{mm}$ $D > 40\,\text{mm}\,(h = 10\,\text{mm})$ $0 \leq \Delta h \leq \dfrac{D}{4}\,\text{mm}$	溶接ゲージ 限界ゲージ	溶接ゲージ 限界ゲージ
(9) 部分溶込み溶接T継手（K形開先）の余盛高さ Δh		$D_1, D_2 \leq 40\,\text{mm}$ $\left(h_1 = \max\left(\dfrac{D_1}{4}, 5\right)\text{mm},\right.$ $\left.h_2 = \max\left(\dfrac{D_2}{4}, 5\right)\text{mm}\right)$ $0 \leq \Delta h_1 \leq 7\,\text{mm}$ $0 \leq \Delta h_2 \leq 7\,\text{mm}$ $D_1, D_2 > 40\,\text{mm}$ $(h_1, h_2 = 10\,\text{mm})$ $0 \leq \Delta h_1 \leq \dfrac{D_1}{4} - 3\,\text{mm}$ $0 \leq \Delta h_2 \leq \dfrac{D_2}{4} - 3\,\text{mm}$	$D_1, D_2 \leq 40\,\text{mm}$ $\left(h_1 = \max\left(\dfrac{D_1}{4}, 5\right)\text{mm},\right.$ $\left.h_2 = \max\left(\dfrac{D_2}{4}, 5\right)\text{mm}\right)$ $0 \leq \Delta h_1 \leq 10\,\text{mm}$ $0 \leq \Delta h_2 \leq 10\,\text{mm}$ $D_1, D_2 > 40\,\text{mm}$ $(h_1, h_2 = 10\,\text{mm})$ $0 \leq \Delta h_1 \leq \dfrac{D_1}{4}\,\text{mm}$ $0 \leq \Delta h_2 \leq \dfrac{D_2}{4}\,\text{mm}$	溶接ゲージ 限界ゲージ	測定方法
(10) アンダーカット e		完全溶込み溶接 $e \leq 0.3\,\text{mm}$ 前面隅肉溶接 $e \leq 0.3\,\text{mm}$ 側面隅肉溶接 $e \leq 0.5\,\text{mm}$ ただし、上記の数値を超え0.7 mm以下の場合、溶接長さ300 mmあたり総長さが30 mm以下かつ1箇所の長さが3 mm以下.	完全溶込み溶接 $e \leq 0.5\,\text{mm}$ 前面隅肉溶接 $e \leq 0.5\,\text{mm}$ 側面隅肉溶接 $e \leq 0.8\,\text{mm}$ ただし、上記の数値を超え1 mm以下の場合、溶接長さ300 mmあたり総長さが30 mm以下かつ1箇所の長さが5 mm以下.	アンダーカットゲージ 対比試験片	対比試験片との比較

名称	図	管理許容差	限界許容差	測定器具	測定方法
(11) 突合せ継手の食違い e	$t=\min(t_1, t_2)$	$t \leq 15\,\text{mm}$ $e \leq 1\,\text{mm}$ $t > 15\,\text{mm}$ $e \leq \dfrac{t}{15}$ かつ $e \leq 2\,\text{mm}$	$t \leq 15\,\text{mm}$ $e \leq 1.5\,\text{mm}$ $t > 15\,\text{mm}$ $e \leq \dfrac{t}{10}$ かつ $e \leq 3\,\text{mm}$	金属製角度直尺 金属製直尺 テーパーゲージ 溶接ゲージ 測定治具	$e = b - a$
(12) 仕口のずれ e	$t = \min(t_1, t_2)$	$t \geq t_3$ $e \leq \dfrac{2t}{15}$ かつ $e \leq 3\,\text{mm}$ $t < t_3$ $e \leq \dfrac{t}{6}$ かつ $e \leq 4\,\text{mm}$	$t \geq t_3$ $e \leq \dfrac{t}{5}$ かつ $e \leq 4\,\text{mm}$ $t < t_3$ $e \leq \dfrac{t}{4}$ かつ $e \leq 5\,\text{mm}$	コンベックススケール テーパーゲージ 測定治具 金属製直尺	$e = a - b$ 内ダイアフラム上面位置のけがき線 閉鎖断面の場合

1章 総則 —15—

名称	図	管理許容差	限界許容差	測定器具	測定方法
(13) ビード表面の不整 e		ビード表面の凹凸の高低差 e_1（ビード長さ方向），e_2（ビード幅方向）はビード長さ，またはビード幅 25 mm の範囲で 2.5 mm 以下。ビード幅の不整 e_3 は溶接長さ 150 mm の範囲で 5 mm 以下。	ビード表面の凹凸の高低差 e_1（ビード長さ方向），e_2（ビード幅方向）はビード長さ，またはビード幅 25 mm の範囲で 4 mm 以下。ビード幅の不整 e_3 は溶接長さ 150 mm の範囲で 7 mm 以下。	溶接ゲージ 金属製直尺 コンベックス スケール テーパー ゲージ	

名称	図	管理許容差	限界許容差	測定器具	測定方法
(14) ピット		—	溶接長さ300mmあたり2個以下．ただし，ピットの大きさが1mm以下のものは3個を1個として計算する．	ルーペ	目視による．
(15) 割れ		—	あってはならない．	—	目視による．
(16) オーバーラップ		—	著しいものは認めない．	—	目視による．
(17) スタッド溶接後の仕上がり高さと傾き $\Delta L, \theta$		$-1.5\,mm \leq \Delta L \leq +1.5\,mm$ $\theta \leq 3°$	$-2\,mm \leq \Delta L \leq +2\,mm$ $\theta \leq 5°$	金属製直尺 度型板 コンベックス スケール	スタッドが傾いている場合は，軸の中心でその軸長を測定する．

1.3.4 製品

名称	図	管理許容差	限界許容差	測定器具	測定方法
(1) 柱の長さ ΔH	高力ボルト接合／溶接接合	$H < 10\,\mathrm{m}$ $-3\,\mathrm{mm} \leq \Delta H \leq +3\,\mathrm{mm}$ $H \geq 10\,\mathrm{m}$ $-4\,\mathrm{mm} \leq \Delta H \leq +4\,\mathrm{mm}$	$H < 10\,\mathrm{m}$ $-5\,\mathrm{mm} \leq \Delta H \leq +5\,\mathrm{mm}$ $H \geq 10\,\mathrm{m}$ $-6\,\mathrm{mm} \leq \Delta H \leq +6\,\mathrm{mm}$	JIS 1級 鋼製巻尺 金属製 角度直角 直角定規 孔心間測定用治具 金属製直尺	1) 測定位置は任意の1面とする。 2) 長さが10m以上のものの測定は巻尺に対して所定の張力をかけて行う。10m未満のものは巻尺が緊張する程度の力としてもよい。 3) 高力ボルト接合の場合は、柱頭柱脚の第1ボルト孔心間とする。 4) 溶接接合でクリアランスを設けた場合、柱頭柱脚の第1ボルト孔心間とする。 5) 溶接接合でクリアランスを設けない場合は、柱頭柱脚の両端面間とする。 ベースプレート付きの柱では、柱脚側はベースプレート下面とする。
(2) 階高 Δh	柱頭／柱脚／高力ボルト接合／溶接接合／通しダイアフラム形式／内ダイアフラム形式	$-3\,\mathrm{mm} \leq \Delta h \leq +3\,\mathrm{mm}$	$-5\,\mathrm{mm} \leq \Delta h \leq +5\,\mathrm{mm}$	JIS 1級 鋼製巻尺 金属製 角度直角 直角定規 孔心間測定用治具	1) 測定位置は仕口から取り付いているすべての面について行う。 2) 柱脚から最初の仕口までの階高は、仕口元端の上フランジ上面からベースプレートの下面まで、高力ボルト接合の場合は、柱脚部第1ボルト孔心まで、溶接接合の場合は柱脚部端面までとする。 3) 一般の階高は、仕口上フランジ上面間とする。 4) 最上部の仕口から柱頭までの階高は、仕口元端の上フランジ上面から、ボルト接合の場合は柱頭第1ボルト孔心まで、溶接接合の場合は材端までとする。 5) 梁端現場溶接施工法などで仕口を取り付けない柱の場合、梁フランジが取り合うダイアフラムの上面がダイアフラム形式の場合の測定位置は、内ダイアフラム形式の場合はあらかじめ柱外面にけがいたダイアフラムの位置または逃げ墨を基準として測定する。

名称	図	管理許容差	限界許容差	測定器具	測定方法
(3) 梁の長さ ΔL	$L + \Delta L$ の図	$-3\,\text{mm} \leq \Delta L \leq +3\,\text{mm}$	$-5\,\text{mm} \leq \Delta L \leq +5\,\text{mm}$	JIS 1級鋼製巻尺 金属製角度定規 直角定規 孔心間測定用治具	1) 長さが10 m以上のものの測定は巻尺に対して所定の張力をかけて行う。10 m未満の場合には巻尺が緊張する程度の力で行えば手引きでもよい。 2) 測定位置は原則としてフランジまたはウェブ部材両端第1ボルト孔心間とする。
(4) せい ΔD	H形断面／T字形断面／溶接組立箱形断面／円形断面の図	$D < 800\,\text{mm}$ $-2\,\text{mm} \leq \Delta D \leq +2\,\text{mm}$ $D \geq 800\,\text{mm}$ $-3\,\text{mm} \leq \Delta D \leq +3\,\text{mm}$	$D < 800\,\text{mm}$ $-3\,\text{mm} \leq \Delta D \leq +3\,\text{mm}$ $D \geq 800\,\text{mm}$ $-4\,\text{mm} \leq \Delta D \leq +4\,\text{mm}$	JIS 1級鋼製巻尺 コンベックス スルール 金属製直尺	1) H形断面では、部材両端のウェブ位置でフランジ背面間を測定する。 2) T字形断面では、フランジ背面間およびウェブ外面とフランジ背面間の2方向を測定する。 3) 溶接組立箱形断面では、相対する面のそれぞれの△印位置間を測定する。 4) 円形断面では、直交軸のそれぞれの△印位置間を測定する。
	冷間成形角形鋼管の図	$-3\,\text{mm} \leq \Delta D \leq +3\,\text{mm}$ かつ $-\dfrac{D}{100} \leq \Delta D \leq +\dfrac{D}{100}\,\text{mm}$	$-4\,\text{mm} \leq \Delta D \leq +4\,\text{mm}$	コンベックス スルール 金属製直尺 ノギス	冷間成形角形鋼管の相対する面のそれぞれのR止まりの位置（△印）間を測定する。

1章 総則 —19—

名称	図	管理許容差	限界許容差	測定器具	測定方法
(5) 仕口部のせい ΔD	(内ダイア フラム形式／通しダイア フラム形式の図)	$D < 800$ mm -2 mm $\leq \Delta D \leq +2$ mm $D \geq 800$ mm -3 mm $\leq \Delta D \leq +3$ mm	$D < 800$ mm -3 mm $\leq \Delta D \leq +3$ mm $D \geq 800$ mm -4 mm $\leq \Delta D \leq +4$ mm	コンベックス スケール 金属製直尺 孔心間測定用治具	1) 梁仕口が柱に取り付く場合は、梁仕口先端の上下フランジ間を測定する。 2) 梁仕口が取り付かない場合は、梁フランジが取り付く上ダイアフラムの上面から下ダイアフラムの下面までを測定する。
(6) 仕口部の長さ ΔL	(内ダイア フラム形式／通しダイア フラム形式の図)	-3 mm $\leq \Delta L \leq +3$ mm	-5 mm $\leq \Delta L \leq +5$ mm	コンベックス スケール 金属製直尺 孔心間測定用治具 金属製角度直尺	1) 柱面から、梁仕口のフランジの第1ボルト孔心までを測定し、柱せいの設計値の半分の値を足す。 2) 柱面から梁仕口のウェブ第1ボルト孔心までを測定し、柱せいの設計値の半分の値を足す。 3) T字形断面では、柱面から梁仕口のフランジ第1ボルト孔心までを測定し、柱面からウェブ心までの設計値を足す。

— 20 — 鉄骨精度測定指針

名称	図	管理許容差	限界許容差	測定器具	測定方法
(7) 仕口部の角度 e	立面／平面図	$e_1 \leq \dfrac{L}{300}$ かつ $e_1 \leq 3\,\mathrm{mm}$ $e_2 \leq \dfrac{L}{300}$ かつ $e_2 \leq 3\,\mathrm{mm}$	$e_1 \leq \dfrac{L}{200}$ かつ $e_1 \leq 5\,\mathrm{mm}$ $e_2 \leq \dfrac{L}{200}$ かつ $e_2 \leq 5\,\mathrm{mm}$	直角定規 金属製直尺 水糸 金属製角度直尺 コンベックス スルー テーパーゲージ	仕口元端の溶接ビードを避けた位置で、寸法 b だけ避けた位置で、柱面にて固定し、図の a を直角定規面を当てて固定し、図の a を金属製直尺・コンベックスルーなどで測定する。$e_1 = |a-b|$
(8) 梁に取り付くブラケットの位置、長さおよびせい ΔL Δb Δd	$L_1+\Delta L$, $b_1+\Delta b$, $b_2+\Delta b$, $L_2+\Delta L$, $d+\Delta d$ 図	$-3\,\mathrm{mm} \leq \Delta L \leq +3\,\mathrm{mm}$ $-3\,\mathrm{mm} \leq \Delta b \leq +3\,\mathrm{mm}$ $d < 800\,\mathrm{mm}$ $-2\,\mathrm{mm} \leq \Delta d \leq +2\,\mathrm{mm}$ $d \geq 800\,\mathrm{mm}$ $-3\,\mathrm{mm} \leq \Delta d \leq +3\,\mathrm{mm}$	$-5\,\mathrm{mm} \leq \Delta L \leq +5\,\mathrm{mm}$ $-5\,\mathrm{mm} \leq \Delta b \leq +5\,\mathrm{mm}$ $d < 800\,\mathrm{mm}$ $-3\,\mathrm{mm} \leq \Delta d \leq +3\,\mathrm{mm}$ $d \geq 800\,\mathrm{mm}$ $-4\,\mathrm{mm} \leq \Delta d \leq +4\,\mathrm{mm}$	JIS 1級 鋼製巻尺 コンベックス スルー 金属製直尺 治具 孔心間測定用治具	1) ブラケットの位置は、梁端部の第1ボルト孔心位置からブラケット取付け位置までを測定する。 2) ブラケットの長さは、梁心からブラケットの第1ボルト孔中心までを測定する。 3) ブラケットのせいは、ブラケット端部のせいを測定する。
(9) ブレースガセットの長さおよびせい ΔV Δd	H形断面の場合／十字形断面の場合 図	$-3\,\mathrm{mm} \leq \Delta V_1 \leq +3\,\mathrm{mm}$ かつ $-3\,\mathrm{mm} \leq \Delta V_2 \leq +3\,\mathrm{mm}$ かつ $|\Delta V_1|+|\Delta V_2| \leq 4\,\mathrm{mm}$ $d < 800\,\mathrm{mm}$ $-2\,\mathrm{mm} \leq \Delta d \leq +2\,\mathrm{mm}$ $d \geq 800\,\mathrm{mm}$ $-3\,\mathrm{mm} \leq \Delta d \leq +3\,\mathrm{mm}$	$-5\,\mathrm{mm} \leq \Delta V_1 \leq +5\,\mathrm{mm}$ かつ $-5\,\mathrm{mm} \leq \Delta V_2 \leq +5\,\mathrm{mm}$ かつ $|\Delta V_1|+|\Delta V_2| \leq 6\,\mathrm{mm}$ $d < 800\,\mathrm{mm}$ $-3\,\mathrm{mm} \leq \Delta d \leq +3\,\mathrm{mm}$ $d \geq 800\,\mathrm{mm}$ $-4\,\mathrm{mm} \leq \Delta d \leq +4\,\mathrm{mm}$	コンベックス スルー 金属製直尺 金属製角度直尺 孔心間測定用治具	フランジ表面に金属製角度直尺当てて、フランジセット元端の溶接ビードを避けて固定し、柱面または梁フランジ面からブレースガセットの第1ボルト孔心または基準位置までを測定する。

名称	図	管理許容差	限界許容差	測定器具	測定方法
(10) 溶接組立箱形断面の直角度 e		接合部 $e \leq \dfrac{D}{100}$ かつ $e \leq 2\,\text{mm}$ 一般部 $e \leq \dfrac{2D}{100}$ かつ $e \leq 4\,\text{mm}$	接合部 $e \leq \dfrac{3D}{200}$ かつ $e \leq 3\,\text{mm}$ 一般部 $e \leq \dfrac{3D}{100}$ かつ $e \leq 6\,\text{mm}$	直角定規 テーパーゲージ 金属製角度直尺	隣接面のうち1面を基準として金属製直尺を当て、被測定面の端部とのすき間をテーパーゲージで測定する。
(11) 幅 ΔB		$-2\,\text{mm} \leq \Delta B \leq +2\,\text{mm}$	$-3\,\text{mm} \leq \Delta B \leq +3\,\text{mm}$	コンベックススケール 金属製直尺 金属製角度直尺	両端部および断面変化部を測定する。
(12) H形断面の直角度 e		接合部 $e \leq \dfrac{b}{100}$ かつ $e \leq 1\,\text{mm}$ 一般部 $e \leq \dfrac{2b}{100}$ かつ $e \leq 2\,\text{mm}$	接合部 $e \leq \dfrac{3b}{200}$ かつ $e \leq 1.5\,\text{mm}$ 一般部 $e \leq \dfrac{3b}{100}$ かつ $e \leq 3\,\text{mm}$	直角定規 テーパーゲージ 金属製角度直尺 測定治具	ウェブを基準にして治具を当て、フランジとのすき間をテーパーゲージで測定する。
(13) ウェブの心ずれ e		$e \leq 2\,\text{mm}$	$e \leq 3\,\text{mm}$	コンベックススケール ノギス 金属製直尺	ウェブ厚中心線・フランジ幅中心線をけがき、フランジ幅中心線をノギスあるいはコンベックススケールで測定する。
(14) ウェブの曲がり e		$e_1 \leq \dfrac{D}{150}$ かつ $e_1 \leq 4\,\text{mm}$ $e_2 \leq \dfrac{l}{150}$ かつ $e_2 \leq 4\,\text{mm}$ ただし、$t \leq 6\,\text{mm}$には適用しない。	$e_1 \leq \dfrac{D}{100}$ かつ $e_1 \leq 6\,\text{mm}$ $e_2 \leq \dfrac{l}{100}$ かつ $e_2 \leq 6\,\text{mm}$ ただし、$t \leq 6\,\text{mm}$には適用しない。	テーパーゲージ 金属製直尺	ウェブ面に金属製直尺を当て、ウェブ面とのすき間をテーパーゲージで測定する。

名称	図	管理許容差	限界許容差	測定器具	測定方法
(15) 柱の曲がり e		$e \leq \dfrac{H}{1500}$ かつ $e \leq 5\,\text{mm}$	$e \leq \dfrac{H}{1000}$ かつ $e \leq 8\,\text{mm}$	水糸 レベル コンベックススケール 金属製直尺	1) 測定は X, Y軸の2面について行う. 2) 柱頭・柱脚の同一面から、ある寸法を隔てて水糸を張り、柱中央部を金属製直尺などで測定する. 3) 柱頭と柱脚を基準点とし、柱中央部をレベルで測定する.
(16) 梁の曲がり e		$e \leq \dfrac{L}{1000}$ かつ $e \leq 10\,\text{mm}$	$e \leq \dfrac{1.5L}{1000}$ かつ $e \leq 15\,\text{mm}$	水糸 レベル コンベックススケール 金属製直尺	1) 目視でも判別できるが、測定する場合は梁せい・梁幅の2方向について行う. 2) 梁せい方向の曲がりは、部材を横に寝かせてフランジ端面からある寸法を隔てて水糸を張り、部材中央部を金属製直尺などで測定する. 梁幅方向は部材を立てて同じ方法で測定する. 梁せい方向: $e = b - a$ 部材を横に寝かせる 梁幅方向: 部材を立てる
(17) 柱のねじれ δ		$\delta \leq \dfrac{6D}{1000}$ かつ $\delta \leq 5\,\text{mm}$	$\delta \leq \dfrac{9D}{1000}$ かつ $\delta \leq 8\,\text{mm}$	下げ振り コンベックススケール 金属製直尺	検査台上に柱を置き、柱両端に下げ振りを取り付け、コンベックススケールでねじれ量を測定する. 両端で求めるねじれ量の和がねじれ量となる.

名称	図	管理許容差	限界許容差	測定器具	測定方法
(18) 鋼板壁の高さと長さ ΔH ΔL		$-3\,\mathrm{mm} \leqq \Delta H \leqq +3\,\mathrm{mm}$ $-3\,\mathrm{mm} \leqq \Delta L \leqq +3\,\mathrm{mm}$	$-5\,\mathrm{mm} \leqq \Delta H \leqq +5\,\mathrm{mm}$ $-5\,\mathrm{mm} \leqq \Delta L \leqq +5\,\mathrm{mm}$	JIS 1級鋼製巻尺 コンベックススケール 金属製直尺 孔心間測定用治具	1) 平面で水平になるように置く。 2) 両側高さと上下の長さを測定する。 3) 孔心間測定用治具や金属製直尺を隅のボルト孔に当て、孔心間を測定する。
(19) メタルタッチ e		$e \leqq \dfrac{1.5D}{1\,000}$ mm	$e \leqq \dfrac{2.5D}{1\,000}$ mm	直角定規 テーパーゲージ 金属製直尺	直角定規を部材面に当て、メタルタッチ面と直角定規との間に生じたすき間をテーパーゲージで測定する。
(20) ベースプレートの折れおよび凹凸 e		$e \leqq 2\,\mathrm{mm}$	$e \leqq 3\,\mathrm{mm}$	金属製直尺 テーパーゲージ	ベースプレート下面に金属製直尺を当て、ベースプレートと直尺とのすき間をテーパーゲージや金属製直尺で測定する。

1.3.5 工事現場

名称	図	管理許容差	限界許容差	測定器具	測定方法
(1) 建物の倒れ e		$e \leq \dfrac{H}{4\,000} + 7\,\text{mm}$ かつ $e \leq 30\,\text{mm}$	$e \leq \dfrac{H}{2\,500} + 10\,\text{mm}$ かつ $e \leq 50\,\text{mm}$	下げ振り セオドライト ターゲット レーザ鉛直器 光学鉛直器 鋼製巻尺 金属製直尺 JIS 1級 三次元測距儀	柱の各節の倒れより算出する。地上1〜n節の建物で、k節の倒れを e_k とした場合、その建物の倒れ e は、$$e = \sum_{k=1}^{n} e_k$$ なお、e_k の正負は建物内側から外側に倒れている場合は「＋」、建物外側から内側に倒れている場合は「−」とし、その測定方法は（7）の柱の倒れ測定方法に準じる。
(2) 建物のわん曲 e		$e \leq \dfrac{L}{4\,000}$ かつ $e \leq 20\,\text{mm}$	$e \leq \dfrac{L}{2\,500}$ かつ $e \leq 25\,\text{mm}$	ピアノ線 JIS 1級 鋼製巻尺 金属製直尺	四隅の柱など、あらかじめ決められた基準柱との出入りを測定して、その値より算出する。
(3) アンカーボルトの位置のずれ Δa		構造用アンカーボルト 建方用アンカーボルト $-3\,\text{mm} \leq \Delta a \leq +3\,\text{mm}$	構造用アンカーボルト 建方用アンカーボルト $-5\,\text{mm} \leq \Delta a \leq +5\,\text{mm}$	金属製 角度直尺 コンベックス スルール ベースプレート型板 (テンプレート)	すべてのアンカーボルトがアンカーボルト孔径＋2 mmの孔をあけたベースプレート型板に入ることを確認する。 柱心墨からアンカーボルト心までの距離を、金属製直尺またはコンベックススルールで測定する。

名称	図	管理許容差	限界許容差	測定器具	測定方法
(4) 柱据付け面の高さ ΔH	(基準高さ, $H+\Delta H$, ベースモルタル)	$-3\,\text{mm} \leq \Delta H \leq +3\,\text{mm}$	$-5\,\text{mm} \leq \Delta H \leq +5\,\text{mm}$	レベル レーザ スタッフ コンベックス スルール	レベルを使用して、各柱ごとに4箇所以上測定する。
(5) 工事現場継手階の階高 ΔH	($H+\Delta H$)	$-5\,\text{mm} \leq \Delta H \leq +5\,\text{mm}$	$-8\,\text{mm} \leq \Delta H \leq +8\,\text{mm}$	レベル JIS 1級鋼製巻尺	レベルで柱に基準点を取り、AとBの寸法を鋼製巻尺で測定する。$H=A+B$
(6) 梁の水平度 e	(e, L)	$e \leq \dfrac{L}{1\,000}+3\,\text{mm}$ かつ $e \leq 10\,\text{mm}$	$e \leq \dfrac{L}{700}+5\,\text{mm}$ かつ $e \leq 15\,\text{mm}$	レベル JIS 1級鋼製巻尺 スタッフ	レベルでAとBの梁の高さを測定する。 $e=B-A$

— 26 — 鉄骨精度測定指針

名称	図	管理許容差	限界許容差	測定器具	測定方法
(7) 柱の倒れ e		$e \leq \dfrac{H}{1000}$ かつ $e \leq 10\,\text{mm}$	$e \leq \dfrac{H}{700}$ かつ $e \leq 15\,\text{mm}$	下げ振り セオドライト ターゲット レーザ 光学鉛直器 鉛直器 JIS 1級 鋼製巻直尺 金属製直尺 三次元 測距儀	方法A（下げ振り） 方法B（セオドライト）

名　　称	図	管理許容差	限界許容差	測定器具	測　定　方　法
(7) 柱の倒れ（続き）					方法C（レーザ鉛直器）

2章　測定技術者

　測定技術者とは，検定を受けた測定器具を用いて，鉄骨の製作工程における部材，製作完了後の製品の精度，建方完了後の鉄骨の精度を，あらかじめ設定されている検査方法に基づいて測定し，所定の様式によって記録する者をいう．したがって，測定技術者は測定する鉄骨およびその測定方法について，十分な知識・技量および経験を有している必要がある．

　鉄骨に関する十分な知識とは，設計図（意匠図・構造図など）および仕様書，工作図，材料，現寸・けがき・切断・孔あけ・曲げ・組立て・溶接・ひずみ矯正・仕上げ・塗装作業などに関する知識をいう．

　鉄骨の測定方法に関する十分な知識とは，測定時期，測定器具およびその精度・保守管理・検定，測定方法，精度基準，測定値の記録・処理方法などに関する知識をいう．

　測定技術者は，製作完了後の製品の精度について合否の判定を行う能力を有するとともに，鉄骨の精度およびその測定結果に影響を与える要因を十分に把握した上で測定を行う必要があり，また，鉄骨の品質保証に関して極めて重要な役割を担っていることを認識すべきである．したがって，鉄骨の検査業務についての十分な経験を持ち，（一社）日本鋼構造協会に設けられた建築鉄骨品質管理機構が認定する建築鉄骨製品検査技術者と同等のレベルであることが望ましい．

3章　精度基準と測定方法

3.1　一般事項
（1）　本章では1.3「鉄骨精度検査基準」における検査項目について具体的に解説する．
（2）　測定は，それぞれの検査項目において示した測定器具を用いて行うものとするが，そのほか，それらと同等以上の性能が確認されている器具を使用してもよい．
（3）　測定時における目盛の読取りは，以下の方法を原則とする．ただし，下記に定める単位以上に細かく読み取り可能な場合はその限りではない．
　（ⅰ）　長さを測定する場合は，測定する部位の長さによらず，1 mm単位で読み取る．アンダーカットゲージ・テーパーゲージを用いて測定する場合は，0.1 mm単位で読み取る．
　（ⅱ）　角度のある部位の測定に限界ゲージを使用する場合は2.5°単位で読み取る．2.5°以下の許容差の部位の測定は，溶接ゲージなど許容差に応じた測定器具により測定する．
　（ⅲ）　協議して定めた方法による場合はそれによる．

3.2　鉄骨の精度基準を定める場合に考慮すべき要因
　鉄骨構造物の生産工程は，建築生産の全工程の中間に位置し，かつ構造体の基本であるため，鉄骨の精度基準は慎重に決定されなければならない．
　精度基準を決定するためには数多くの要素〔図3.1参照〕を考慮すると同時に，要素間相互の重み付けも重要である．鉄骨の製品精度が悪い場合に生じる問題点は，図3.2のようにまとめられる．問題点は①納まり上の問題，②品質上の問題，③安全上の問題，④工期・工程上の問題，⑤コストの問題の5つに分類することができる．
　次工程上の問題と納まり上の問題を展開した結果を図3.3に示す．また，鉄骨工事の専門家に対するアンケート結果を「一対比較法[注]による重み付け法」で整理したものを図3.4に示す．
　発注者側と製作者側とほぼ同数の人へのアンケートにもかかわらず，コストや生産性が上位に位置しているのは興味深い事実である．精度に関する測定項目についても，その重要性の度合いを専門家にアンケートした結果を図3.5に示す．
　鉄骨工事の次工程と考えられる業種の団体である防火被覆関係，カーテンウォール関係，エレベーター関係，クレーン関係，設備（空調・衛生）関係およびとび（鳶）関係の協会等あてに鉄骨の精度に関する意見を求めた．

[注]　一対比較法
　　　われわれが複数の対象の優劣や良否などを比較する場合，全体を一度で順序付けるよりも，2つだけを取り出して比較するほうが順位を付けやすい．一対比較法はこの性質を利用し，対象から2個ずつ，組合せの回数だけ取り出し，その優劣・良否を判断し，その総合結果に統計的処理を施して全体の順序付けを行うものである．よく使われる一対比較法には，シェッフェの方法や中屋変法などがある．

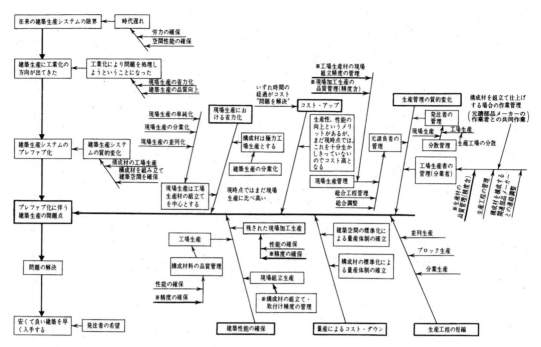

図3.1 建築生産における精度の問題点の位置付け（折笠　弥：建築生産における精度；施工管理，昭和47.3より）

3章 精度基準と測定方法 — 31 —

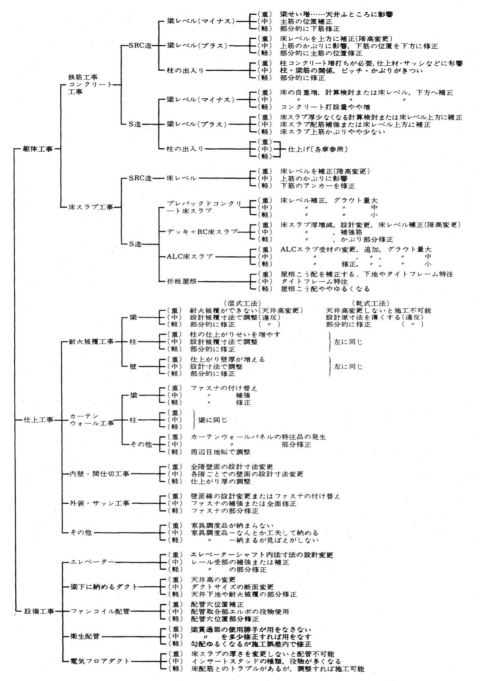

重欠陥：設計上の検討を行い，設計変更の必要な状況（設計まで戻り，検討時間がかかる）
中欠陥：部分的な検討を行い，簡単な補強や寸法調整が必要な状況（設計まで戻るが検討時間はあまりかからない）
軽欠陥：通常の施工精度で，部分的に修正が必要な状況（現場監理者の判断で比較的結論が早く出る）

図3.2　鉄骨の製品精度が悪いことによって生じる諸問題

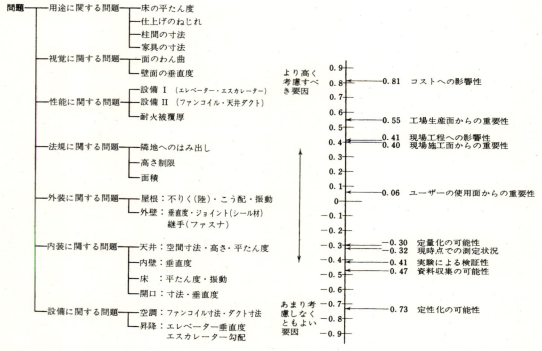

図3.3　鉄骨の製品精度が悪い場合に生じる納まり上の問題

図3.4　鉄骨精度の基準値を決定する際に考慮すべき要因の重み付け（専門家へのアンケート結果）

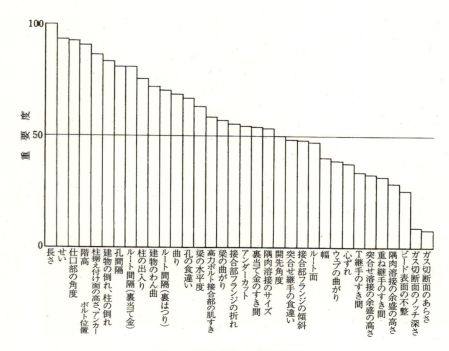

図3.5　測定項目の重要度順位

3.3 限界許容差と管理許容差

限界許容差は，これを超える誤差は原則として許容されないものとして個々の製品の合否判定のために定めた基準値である．一方，管理許容差は，製品の95%以上が満足するように製作・施工上の目安として定めた目標値であるが，JASS 6 付則7「寸法精度受入検査基準」においては，検査ロットの合否判定を行う際の基準値として扱う方法を示している．

限界許容差と管理許容差に関する考え方の一つとして，国際溶接学会（International Institute of Welding : IIW）において溶接部の品質管理手法の概念として提案された図3.6がある．図中のECAレベル（Engineering Critical Assessment Level）は，さまざまな技術的条件を考慮して，最低でもこのレベルを満足すべき基準として定められており，本指針での限界許容差の定義と一致する．このECAレベル（限界許容差）をすべての製品が満足するように生産活動を行うための水準としてQCレベル（Quality Control Level）があり，本指針での管理許容差の概念とおおむね一致する．なお，QCレベルは製作目標としてECAレベルより高い品質水準に定められる必要があり，品質の維持向上のための水準として定められるものである．

許容差に関しては，溶接接合部・高力ボルト接合部の継手性能を含めた構造耐力上への影響度，鉄骨製作過程の次工程での品質確保に及ぼす影響度，工事現場施工での品質・工期・コスト面などに及ぼす影響度などを考慮し，また適正な管理体制下にある製作工場の品質をつくり込む能力なども十分把握した上で総合的な見地から定めた．

なお，1.3「鉄骨精度検査基準」によるものより高い精度を必要とする構造物または同基準による精度を必要としない軽微な構造物の許容差は，同基準によらずそれぞれの工事ごとに協議して定めるのがよい．

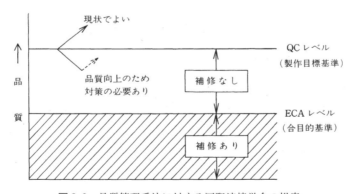

図3.6　品質管理手法に対する国際溶接学会の提案

[限界許容差]

限界許容差はこれを超える誤差は原則として許されないものとして個々の製品の合否判定のために定めた基準値である．したがって，この基準値を超えた製品は不適合品となり，再製作・再施工されることを原則とする．ただし，補修により製品としての機能を確保できる場合にに，適切な補修による修正も可能である．

この不適合品の処置方法に関しては，すべての検査項目に定めた限界許容差の重要度，影響度などを考慮して決定されなければならない．例えば，「せい」，「幅」などについては，限界許容差を超えてマイナス方向に誤差が生じた場合，断面性能が低下することになり，部品交換による修正，または再製作の対象となる．また「柱の長さ」，「階高」，「梁の長さ」，「仕口部の長さ」などの検査項目での不適合品に対する処置方法については，原則として再製作となるが，再製作が建築工事全体の工期を遅らせるなどの支障となる場合には，次のような方法を採用することもある．その方法とは全製品の誤差のかたより，バラツキまたは組み合わされる部材との相対関係，累積誤差などを求め，不適合製品が鉄骨の建方精度に及ぼす影響を総合的に判断し，補修または再製作の範囲を極力少なくする方法である．ただし，この方法の採用においては，工事監理者・施工者・製作工場相互で事前に十分協議することが必要である．一方，「隅肉溶接のサイズ」の項目での上側の許容差のように，継手性能上からの規定でなく主に製作管理上の必要性から規定した許容差もあり，処置方法について製作工場は事前に協議する必要がある．

［管理許容差］

管理許容差は製品の95％以上が満足するように，製作・施工上の目安として定めた目標値である．したがって，この許容差は個々の製品の合否判定のための許容差ではなく，許容差を超えてもその製品は補修・廃棄の対象とはならない．しかし，全製品中に管理許容差を超える製品が多数存在する場合は，限界許容差を超える製品が製作されている可能性が高くなる．したがって，製作工場は管理許容差を超える製品の割合を常時把握し，その割合によって適切な対策を講じる必要がある．

管理許容差と限界許容差の数値の大きさの関係はおおむね2：3の関係にあり，95％の製品が管理許容差を満足するように製作した場合は，ほとんどの製品が限界許容差内に収まるとの判断によった．すなわち十分な管理体制下で製作した製品の寸法精度は正規分布していると仮定し，95％の製品が管理許容差を満足するように製作すれば，限界許容差を超える製品の割合は0.3％程度になるものとしている．

3.4 工作および組立て

加工および組立て中における寸法精度は，製品寸法精度に影響を及ぼす大きな要因となる．本節で述べる精度は，単品加工と部分組立てが中心である．単品加工について考えると，鋼材の流通機構の面で製作工場は通常，切板と称する部材を外注品としてシャーリング工場に委託し，それを購入している場合が大半であると思われる．いずれの場合でもシャーリング工程での精度は非常に重要である．しかし，現在の流通機構における契約では，製作工場とシャーリング工場の間で任意に精度を取り決めている場合が多い．本指針でも，切板精度の基準化を検討したが，部材の大きさ・長さ・板厚など多岐にわたるため，統一するまでには至っていない．シャーリング工程での精度を定める場合には，最終製品として直接受け入れられる部材，例えば，柱・梁部材のフランジ幅や切断面の表面粗さの状況などについては，鉄骨精度検査基準と同様な数値に規定されるべきである．

製作工場からシャーリング工場へ発注する場合の一般的な品質基準の例を，表3.1に示す．

表3.1 切板部材標準仕様書（例）

製作基準			切板部材の標準仕様書	
切板部材の品質および補正				
	品質特性		許容差	不具合の補正要領
部材マーク 材質記号	不明確		0件	判読困難なものは一度消して書き直す
	誤記		0件	一度消して正しいものに書き直す
	養生不良		0件	ニスを塗るなどの方法で養生し直す
寸法	長さ・幅	$L \leq 1\,\mathrm{m}$	±1 mm	許容差を超えたものは正しい寸法に切断し直す
		$1\,\mathrm{m} < L \leq 6\,\mathrm{m}$	±1.5 mm	
		$L > 6\,\mathrm{m}$	±2 mm	
	厚さ		JISによる	許容差を超えたものは作り変える
形状	曲がり	$L \leq 10\,\mathrm{m}$	3 mm	プレスまたは加熱法により矯正する矯正方法は協議のこと（加熱法の場合は温度管理を行う）
		$L > 10\,\mathrm{m}$	5 mm	
	対角	長さ	±2 mm	許容差を超えたものは正しい寸法に切断し直す
		長さの差	3 mm	
切断面	ノッチ		0件	1 mm未満はグラインダで仕上げる．1 mm以上は溶接後グラインダで仕上げる
	スラグ		0件	ハンマー，グラインダなどですべて除去する
	粗さ	一次部材	50 μmRz	許容差を超えたものはグラインダで仕上げる
		二次部材	100 μmRz	
	平たん度	一次部材	WES 1級	全長・幅の減少がないかを確認し，グラインダで仕上げる（寸法不足になった場合には作り変える）
		二次部材	WES 2級	
	上縁の溶け	$t \leq 22\,\mathrm{mm}$	0.5 mm	鋼板縁の溶落ちがないかを確認し，グラインダで仕上げる（寸法不足になった場合には作り変える）
		$t > 22\,\mathrm{mm}$	1.0 mm	
	切断縁の直角度	$t \leq 40\,\mathrm{mm}$	$e \leq 1\,\mathrm{mm}$	全長・幅の減少がないかを確認し，グラインダで仕上げる（寸法不足になった場合には作り変える）
		$t > 40\,\mathrm{mm}$	$e \leq \dfrac{t}{40}$ かつ $e \leq 1.5\,\mathrm{mm}$	

3.4.1 T継手のすき間（隅肉溶接）

表3.2

図	管理許容差	限界許容差	測定器具
	$e \leqq 2\,\text{mm}$	$e \leqq 3\,\text{mm}$	テーパーゲージ 金属製直尺
	測定方法 金属製直尺　　　テーパーゲージ		

　限界許容差は，被覆アーク溶接による隅肉溶接の施工が可能な範囲内に定めた．溶接部の性能上からも，材片間は密着するよう心がける必要がある．サブマージアーク溶接では管理許容差以内でも，すき間が大きいと溶落ちが発生するので，特に注意する必要がある．

　管理許容差の2mmという値は継手強度への影響が少ないことを考慮して定められている．T継手のすき間が2mmを超える場合は，継手の強度への影響が大きいので，隅肉溶接のサイズをすき間量eだけ大きくする．しかし，1溶接線全長にわたって2mmを超えるすき間があることは望ましくない．1溶接線全長にわたって2mmを超えるすき間は，製品の寸法を確保するために，単品加工精度のバラツキや溶接による収縮量などを考慮することにより生じやすい．したがって，単品加工精度の向上は当然のこと，日頃から各鋼材の寸法精度データ，溶接収縮代データの収集などの日常管理を行い，そのデータを基に単品加工寸法を決めることが次工程におけるすき間の精度確保につながる．そのほかアーチ梁など，曲率をもつ部材のウェブとフランジなどは加工誤差により局部的に大きなすき間を生じやすい．いずれの場合も部分組立てや大組立て時に要求される寸法を勘案し測定する．

　T継手のすき間の測定は，全線にわたり目視により確認し，特にすき間の大きい箇所をテーパーゲージで測定する〔写真3.1参照〕．

写真3.1　T継手のすき間の測定例

3.4.2 重ね継手のすき間

表 3.3

図	管理許容差	限界許容差	測定器具
	$e \leqq 2\,\mathrm{mm}$	$e \leqq 3\,\mathrm{mm}$	テーパーゲージ 金属製直尺
	測 定 方 法 金属製直尺　　テーパーゲージ		

　3.4.1「T継手のすき間（隅肉溶接）」と同じ考え方で許容差を設定した．したがって，重ね継手の場合も，すき間が 2 mm を超える場合は，隅肉溶接のサイズをすき間量 e だけ大きくする．重ね継手の具体的な例としては，水平ブレースのガセットプレートが梁フランジと取り合う場合や，梁フランジのカバープレートなどがある．これらでよく見受けられるのは，主材のフランジプレートに折れがあり，ガセットプレートやカバープレートを重ねたときに生じるすき間である．また，工場建屋などの母屋，胴縁のねこピースと柱・梁フランジプレートとの取合部におけるすき間も主材の精度に起因するものである．いずれの場合も，主材の折れの管理許容差に準じた値であり，前述のような場合は，すき間は 0〜2 mm となる場合が多い．

　重ね継手のすき間の測定方法は，全線にわたり目視により確認し，特にすき間の大きい箇所をテーパーゲージで測定する〔写真 3.2 参照〕．管理許容差を超える場合，主材を矯正するか，密着させてから組立て溶接を行う．

写真 3.2　重ね継手のすき間の測定例

3.4.3 突合せ継手の食違い

表3.4

図	管理許容差	限界許容差	測定器具
（図）	$t \leq 15$ mm 　$e \leq 1$ mm $t > 15$ mm 　$e \leq \dfrac{t}{15}$ かつ $e \leq 2$ mm	$t \leq 15$ mm 　$e \leq 1.5$ mm $t > 15$ mm 　$e \leq \dfrac{t}{10}$ かつ $e \leq 3$ mm	金属製角度直尺 金属製直尺 テーパーゲージ 溶接ゲージ
$t=\min(t_1, t_2)$	測定方法		

本許容差は鋼板の突合せ継手の場合に適用し，形鋼類（鋼管や角形鋼管などの成形品を含む）については本指針の適用範囲に基づき適用しないとされていた．しかし，食違いによる耐力低下に配慮する観点から，すべての突合せ継手に適用することとする．鋼板どうしの突合せ継手の場合には，食違いの調整は容易であるが，組立てられた部材どうしの場合や形鋼類の場合は，おのおのの部材に寸法誤差があるので，相対誤差を1箇所に集中させない配慮が必要である．本指針はレ形，V形の開先形状のほか，X形およびK形の開先形状についても同様に適用する．なお，平成12年建設省告示第1464号（以下，告示1464号という）に規定された突合せ継手の食違いの許容差は，本指針の限界許容差に相当している．また，告示では通しダイアフラムと梁フランジの溶接部の場合は，梁フランジは通しダイアフラムの厚みの内部で溶接する必要がある．

突合せ継手の食違いの測定方法は，継手部分を全線にわたり目視により確認する．さらに食違いが大きい箇所については，測定しようとする面の高いほうに金属製直尺を当て，低いほうの面とのすき間を，テーパーゲージ等で測定する〔写真3.3参照〕．最近では，専用の食違い測定器具も市販されている．

左右（上下）の板厚が異なる場合の食違い量は，厚いほうから薄いほうがはみ出した量とする．その際，食違い量はおのおのの板厚を考慮して計算で求め〔図3.7参照〕，許容差は薄いほう（開先側）の板厚を t として定める．

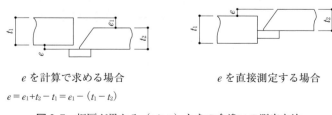

e を計算で求める場合　　　　e を直接測定する場合

$$e = e_1 + t_2 - t_1 = e_1 - (t_1 - t_2)$$

図3.7　板厚が異なる（$t_1 > t_2$）ときの食違いの測定方法

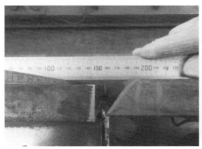 

　　　テーパーゲージの使用例　　　　　　溶接ゲージの使用例

写真3.3　突合せ継手の食違いの測定例

3.4.4　ルート間隔（裏はつり）

表3.5

図	管 理 許 容 差	限 界 許 容 差	測定器具
	被覆アーク溶接 　$0 \leq a \leq 2.5$ mm サブマージアーク溶接 　$0 \leq a \leq 1$ mm ガスシールドアーク溶接， セルフシールドアーク溶接 　$0 \leq a \leq 2$ mm	被覆アーク溶接 　$0 \leq a \leq 4$ mm サブマージアーク溶接 　$0 \leq a \leq 2$ mm ガスシールドアーク溶接， セルフシールドアーク溶接 　$0 \leq a \leq 3$ mm	テーパーゲージ
	測　定　方　法		

　ルート間隔の許容差は，JASS 6付則5により，溶接方法ごとに許容差を定めた．いずれの溶接方法の場合もルート間隔は小さいほうが望ましいが，溶接施工上からいえば，裏はつり後の裏溶接により重大な欠陥を生じさせないので，溶接可能な範囲内の値を設定した．ただし，サブマージアーク溶接では，溶落ちのない限界が1 mmと考えられるので，管理許容差の上限を1 mmと厳しくした．これを超える場合は組立て直すか，被覆アーク溶接などによりシール溶接を行ない，本溶接後この部分を裏はつりにより除去するなどの施工が必要となる場合もある．許容差の下限は溶接施工上，ルート間隔が0であっても問題ないため，いずれも0を含む許容差としている．

　ルート間隔の測定は，全線にわたり目視により確認し，許容差を超えると思われる箇所をテーパーゲージで測定する〔写真3.4参照〕．

写真 3.4 ルート間隔の測定例

3.4.5 ルート間隔（裏当て金あり）

表 3.6

図	管理許容差	限界許容差	測定器具
(図)	被覆アーク溶接 　$\Delta a \geqq -2\,mm$ （$\theta \geqq 35°$） ガスシールドアーク溶接, セルフシールドアーク溶接 　$\Delta a \geqq -2\,mm$ （$\theta \geqq 35°$） 　$\Delta a \geqq -1\,mm$ （$\theta < 35°$） サブマージアーク溶接 　$-2\,mm \leqq \Delta a \leqq +2\,mm$	被覆アーク溶接 　$\Delta a \geqq -3\,mm$ （$\theta \geqq 35°$） ガスシールドアーク溶接, セルフシールドアーク溶接 　$\Delta a \geqq -3\,mm$ （$\theta \geqq 35°$） 　$\Delta a \geqq -2\,mm$ （$\theta < 35°$） サブマージアーク溶接 　$-3\,mm \leqq \Delta a \leqq +3\,mm$	限界ゲージ テーパーゲージ
	測定方法		

　ルート間隔の許容差は，3.4.4「ルート間隔（裏はつり）」と同様 JASS 6 付則 5 により定めた．今回の JASS 6 改定でガスシールドアーク溶接およびセルフシールドアーク溶接による開先角度に 30° が追加された．従来の開先角度 35° を 30° にする程度では高温割れは生じにくく，適切な加工，溶接を行えば欠陥が生じにくいのがその理由である．なお，開先角度 30° については溶接ワイヤや溶接トーチの入り方を考慮し，35° に比べ厳しい許容差を設定している．被覆アーク溶接，ガスシールドアーク溶接およびセルフシールドアーク溶接では，ルート間隔が多少広くなって溶接量が増えても，溶接欠陥の発生に対してはそれほど影響がないので，プラス側の許容差は定めていない．

　なお，被覆アーク溶接で設計ルート間隔が 6 mm，開先角度 35° のとき，管理許容差が $-2\,mm$ の場合でも，最小ルート間隔は 4 mm となり，溶接初層部の健全性を確保することが難しい．そのため，ルート間隔の最小値としては 5 mm を確保するよう推奨したい．

　サブマージアーク溶接の場合は，過大な入熱量による悪影響が生じる場合も考慮し，プラス側の

許容差も定めた．また，マイナス側については，被覆アーク溶接の場合と同様に溶接初層部の健全性を確保するために，ルート間隔の最小値としては 8 mm を確保することが望ましい．

ルート間隔の測定は，全線にわたり目視により確認し，許容差を超えると思われる箇所を限界ゲージを各種用意してそれを使用すれば 0.5 mm の精度で測定できる〔写真 3.5 参照〕．

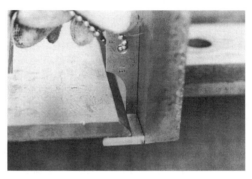

写真 3.5 ルート間隔（裏当て金あり）の測定例

3.4.6 ルート面

表 3.7

図	管理許容差	限界許容差	測定器具
(図：$a+\Delta a$)	被覆アーク溶接，ガスシールドアーク溶接，セルフシールドアーク溶接 裏当て金なし $\Delta a \leqq 2\,\mathrm{mm}$ 裏当て金あり $\Delta a \leqq 1\,\mathrm{mm}$ サブマージアーク溶接 $\Delta a \leqq 2\,\mathrm{mm}$	被覆アーク溶接，ガスシールドアーク溶接，セルフシールドアーク溶接 裏当て金なし $\Delta a \leqq 3\,\mathrm{mm}$ 裏当て金あり $\Delta a \leqq 2\,\mathrm{mm}$ サブマージアーク溶接 $\Delta a \leqq 3\,\mathrm{mm}$	コンベックスルール 金属製直尺
測定方法			
（金属製直尺による測定図）			

ルート面の許容差は，JASS 6 付則 5 により定めた．被覆アーク溶接，ガスシールドアーク溶接およびセルフシールドアーク溶接で裏当て金ありの場合は，ルート面が過大になるとルート部の溶込不良を生じやすいので許容差を厳しくした．特に被覆アーク溶接の場合，限界許容差を 2 mm 以下としているが，溶込不良を生じさせないためには 1 mm 以下とするのが望ましい．裏当て金なしの場合は，裏はつりを行うことを原則とし，裏当て金ありに比べ 1 mm 大きくした．ただし，部分

溶込み溶接の場合には，設計ルート面が2mmのときに限界許容差の上限側最大のときにルート面は5mmとなり，開先深さが浅くなって，必要なのど厚を確保できない場合もあるので，十分に注意する必要がある．また，サブマージアーク溶接は，JASS 6 付則5にはないが，JSS I 03-2005「溶接開先標準」において裏はつりを行うことを原則としているので，他の溶接方法の場合と同じ許容差とした．なお，設計ルート面より過小となっても溶接には特に支障がないと考え，マイナス側の許容差は規定していない．ただし，サブマージアーク溶接ではルート面が過小の場合，溶け落ちることも考えられるので，溶接条件に応じた許容差を定めておくのがよい．

ルート面の測定は，全線にわたり目視により確認し，許容差を超えると思われる箇所をコンベックスルールまたは金属製直尺で測定する〔写真3.6参照〕．

写真3.6　ルート面の測定例

3.4.7　ベベル角度

表3.8

図	管理許容差	限界許容差	測定器具
	$\Delta\theta \geq -2.5°$ ($\theta \geq 35°$) $\Delta\theta \geq -1°$ ($\theta < 35°$)	$\Delta\theta \geq -5°$ ($\theta \geq 35°$) $\Delta\theta \geq -2°$ ($\theta < 35°$)	溶接ゲージ

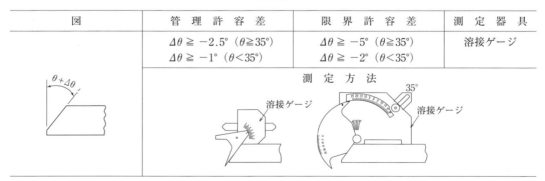

ベベルは通常，開先加工機で加工している場合が多く，その場合にはベベル角度にほとんど誤差を生じない．自動ガス切断機で加工する場合もあるが，その場合は5°ピッチの目盛もあり，目視で切断機の調整をする場合のバラツキを考えても，その中間値の目測は可能であると判断し，開先

角度の値も考慮して，溶接方法によらずベベル角度 35° に対して −2.5° 以下，限界許容差 −5° 以下とした．また，JASS 6 付則 5 にガスシールドアーク溶接およびセルフシールドアーク溶接の開先角度 30° が追加されたことを踏まえて，これらの 35° 未満のベベル角度に対して −1° 以下を設定した．ベベル角度 35° 未満の測定は，溶接ゲージなど許容差に応じた測定器具により測定する必要がある．なお，ベベル角度が多少大きくなるのは，溶接欠陥の発生に対して影響が少ないと考えられるので，プラス側の許容差は規定していない．

本許容差は，ベベル角度が 35° を超える場合には 35° の値を適用する．ベベル角度が 30° より小さい場合に，本許容差をそのまま適用すると，溶接施工に支障が出る場合もあると考えられるので，ルート間隔の設定と合わせて，マイナス側の許容差を小さくするなど工事ごとに許容差を決める必要がある．

ベベル角度の測定は，全線にわたり目視により確認し，許容差を超えると思われる箇所を溶接ゲージを用いて測定する〔写真 3.7 参照〕．

写真 3.7　ベベル角度の測定例

3.4.8　開先角度

表 3.9

図	管理許容差	限界許容差	測定器具
$\theta + \Delta\theta_1$	$\Delta\theta_1 \geqq -5°$	$\Delta\theta_1 \geqq -10°$	限界ゲージ
$\theta + \Delta\theta_2$	$\Delta\theta_2 \geqq -2.5°\ (\theta \geqq 35°)$ $\Delta\theta_2 \geqq -1°\ (\theta < 35°)$	$\Delta\theta_2 \geqq -5°\ (\theta \geqq 35°)$ $\Delta\theta_2 \geqq -2°\ (\theta < 35°)$	
$\theta + \Delta\theta_2$		測定方法　　限界ゲージ	

突合せ継手の開先角度は，3.4.7「ベベル角度」の許容差がもっとも大きい値となっても本項の許容差を十分満足できる値である．また，T継手や，トラス斜材など斜めに取り付く部材の勾配の精度も考慮して，許容差を設定した．ただし，V形開先の突合せ継手は，JASS 6 付則 5 では，開先角度 35°のみを定めていることから，本指針でも開先角度 35°の場合のみの許容差を設定している．

なお，ガスシールドアーク溶接およびセルフシールドアーク溶接の場合の開先角度 30°については，溶接ワイヤや溶接トーチの入り方を考慮し，35°に比べ厳しい値を設定している．30°未満の場合は，ルート間隔の設定と合わせて工事ごとに許容差を決める必要がある．また，35°を超える場合は 35°の値を適用する．プラス側の許容差は 3.4.7「ベベル角度」と同じ理由により規定しないこととしたが，開先角度が過大になると，溶接量の増大により溶接ひずみが発生する場合もあるため，施工法に合わせて許容差を定めておくのがよい．なお，ハンチ部材などの曲げ加工時に，曲げ角度に誤差を生じると開先角度にも影響するので注意する必要がある．

開先角度は全線にわたり目視により確認し，限界ゲージを用いて，許容差内であることを確認する〔写真 3.8 参照〕．ただし，開先角度 30°の測定は，溶接ゲージなど許容差に応じた測定器具により測定する必要がある．

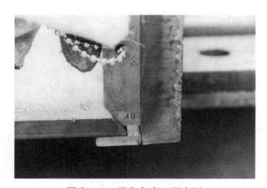

写真 3.8　開先角度の測定例

3.4.9　切断面の粗さ

表 3.10

図	管理許容差	限界許容差	測定器具
(図)	開先内 $100\ \mu m Rz$ 以下 自由縁端 $100\ \mu m Rz$ 以下	開先内 $100\ \mu m Rz$ 以下 自由縁端 $100\ \mu m Rz$ 以下	対比試験片
	測定方法 目視による対比試験片との比較		

切断面の粗さの呼び方は，JIS B 0601-2001 に準拠して，$\mu m Rz$ としている．

本許容差は，切断方法によらずすべての切断面の粗さについて規定し，許容差は JSS I 01-2008

「鋼材切断面の品質」の等級区分2級を採用している．鋼板はシャーリング工場で切断されることが多く，切断面の粗さは100 μmRz以下の品質が確保されている．

また，切断面の粗さは開先内と自由縁端で同じとしている．これは自由縁端ではそのまま製品の仕上がりとなるためで，また開先内では，溶接欠陥の発生を防止するためであり，自動ガス切断や開先加工専用機による加工精度の実態を考慮して定めている．また，本許容差は曲線切断なども対象とする〔写真3.9参照〕．

切断面の粗さは，目視で判断できるが，許容差を超えていると思われる箇所は，（一社）日本溶接協会の対比試験片との照合によることが望ましい．なお，同協会のガス切断面標準片は「S」という記号となっているが，「μmRz」と同じ意味である．

写真3.9　ガス切断面標準片（日本溶接協会）との照合例

3.4.10　切断面のノッチ深さ

表3.11

図	管理許容差	限界許容差	測定器具
	開先内 $d \leqq 0.5$ mm 自由縁端 $d \leqq 0.5$ mm	開先内 $d \leqq 1$ mm 自由縁端 $d \leqq 1$ mm	溶接ゲージ
	測定方法 目視による		

切断面のノッチ深さは，切断方法によらず切断面のノッチ深さを規定し，許容差はJSS I 01-2008「鋼材切断面の品質」の等級区分2級を採用している．また，切断面のノッチ深さは開先内と自由縁端で同じとしている．これは切断面の粗さと同様に自由縁端はそのまま製品の仕上がりとなるためであり，開先内では溶接欠陥の発生を防止するためである．開先内の場合は，溶接欠陥を防止するため，必要に応じてグラインダでなめらかに仕上げてから組立て・溶接するなどの配慮が重要である．

スカラップ加工をガス切断で行う場合は，ノッチが入りやすく，ノッチが入った場合にはグライ

ンダ等でなめらかに仕上げる必要がある.

切断面のノッチ深さの測定は,目視により確認し,測定を必要とする場合は,溶接ゲージで測定する〔写真3.10参照〕.

写真3.10 切断面のノッチ深さの測定例

3.4.11 切断縁の直角度

表3.12

図	管理許容差	限界許容差	測定器具
	$t \leqq 40$ mm 　　$e \leqq 1$ mm $t > 40$ mm 　　$e \leqq \dfrac{t}{40}$ かつ $e \leqq 1.5$ mm	$t \leqq 40$ mm 　　$e \leqq 1.5$ mm $t > 40$ mm 　　$e \leqq \dfrac{1.5t}{40}$ かつ $e \leqq 2$ mm	金属製角度直尺 テーパーゲージ 溶接ゲージ 直角定規
測定方法（図：金属製角度直尺とテーパーゲージ）			

切断縁の直角度は切断方法によらず,すべての切断縁の直角度を規定する.

切断縁の直角度は切断技術の現状や,板厚が40mmを超える場合も多いことを考慮し,板厚60mmまでは$\dfrac{t}{40}$を管理許容差とし,さらに板厚が60mmを超える場合を想定して上限値を設けた.

直角度の測定は,金属製角度直尺を鋼板に沿わせて当て,切断縁と金属製角度直尺のすき間をテーパーゲージで測定する〔写真3.11参照〕.

写真 3.11 切断縁の直角度の測定例

3.4.12 仕口のずれ

表 3.13

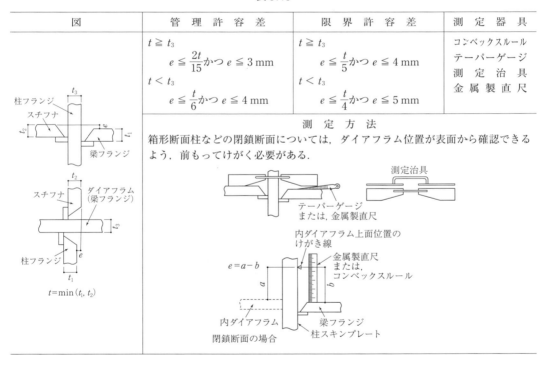

仕口のずれは，構造耐力上重要な項目である．柱梁接合部で柱または梁フランジの一方が分割される場合に生じやすい．

力の伝達という目的からダイアフラムとフランジのずれはないのが理想であるが，組立ての精度と接合部の耐力に悪い影響を与える限界を考慮し，本会編「鉄骨精度測定指針（1986年版）」の標準許容差の値を限界許容差として設定している．また，突合せ継手の食違いと同様に告示1464号

に規定されたずれの許容差は，本指針の限界許容差に相当している．通常の仕口部は測定治具を工夫してそのずれを測定できるが，箱形断面柱などの閉断面内のダイアフラムの位置は，組立て時に前もってその位置をスキンプレート表面にけがく必要があり，そのけがき線と仕口取付け位置を測定してずれ量を確認する．

　フランジとスチフナの厚さが異なる場合には，t は薄いほうの板厚とし，ずれ量は厚いほうから薄いほうがはみ出した量とする．

　仕口のずれの測定は，写真 3.12 のように測定治具を高いほうの開先側から当て，低いほうの面と治具間のすき間をテーパーゲージで測定する．その際，ずれ量 e はおのおのの板厚を考慮して計算で求める〔図 3.8 参照〕．許容差は，t と t_3 の大小関係から定める．

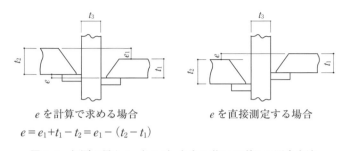

e を計算で求める場合　　　　e を直接測定する場合

$$e = e_1 + t_1 - t_2 = e_1 - (t_2 - t_1)$$

図 3.8　板厚が異なる（$t_2 > t_1$）ときの仕口のずれの測定方法

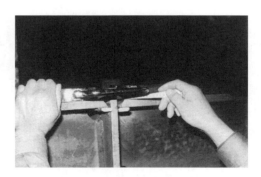

写真 3.12　仕口のずれの測定例

3.4.13 溶接組立部材端部の不ぞろい

表 3.14

図	管理許容差	限界許容差	測定器具
	$e \leqq 2\,\mathrm{mm}$	$e \leqq 3\,\mathrm{mm}$	金属製角度直尺 直角定規 コンベックスルール 金属製直尺
	測定方法		

溶接組立部材端部の不ぞろいの発生原因は、鋼材切断時の精度と工場組立て時の精度である。鋼材切断はシャーリング工場で行うことが多いので、シャーリング工場の精度管理が重要であり、組立てはおのおのの部材に誤差があるので、相互に振り分けて組立てし、誤差を一方に集中させない配慮が必要である。

3.5 高力ボルト

高力ボルト摩擦接合は、部材接合における重要な応力伝達機構である。そのため、各項目の品質が構造耐力に大きく影響するので十分に配慮した工作が必要である。

3.5.1 孔の心ずれ

表 3.15

図	管理許容差	限界許容差	測定器具
	$e \leqq 1\,\mathrm{mm}$	$e \leqq 1.5\,\mathrm{mm}$	コンベックスルール 金属製直尺 型　　板
	測定方法		

写真3.13 孔の心ずれの測定例

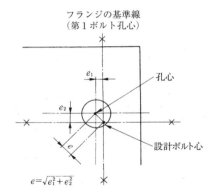
図3.9 孔の心ずれの測定方法

孔の心ずれ e を 1 mm 以下とすることは，高力ボルト摩擦接合用の孔はドリル孔あけによることが JASS 6 で定められているので，当該方法によれば工作誤差を考慮しても守れる許容差である．孔数の多い場合または互換性をもたせる場合には，種板（ブッシュ付きテンプレート等）を使用してドリル孔あけする方法を推奨する．この方法は精度の確保が容易であり，能率も向上する．

近年，レーザおよびプラズマによる孔あけ方法も用いられており，レーザ孔あけは，精度的にも実用の域に達してきている．JASS 6 では，特記のある場合または工事監理者の承認を受けた場合は，高力ボルトの孔あけ加工をレーザ孔あけとすることができる．レーザ孔あけによる高力ボルト孔の孔径の許容差は，JASS 6 付則 6 では定義していないが，レーザ孔あけ時の注意点と合わせて，本会編「鉄骨工事技術指針・工場製作編」を参照されたい．

孔の心ずれの測定方法は，基準線と孔心間をコンベックスルールまたは金属製直尺などで測定し X 方向，Y 方向の各誤差から計算して求める〔写真 3.13 および図 3.9 参照〕．

フランジの基準線はウェブ心および第 1 ボルト孔心とし，ウェブの基準線はウェブ上・下端の孔心を結んだ線および高さ方向の中心線とする．これらの，ボルト孔の基準線とフランジおよびウェブの基準線との相互のずれ量を確認する〔図 3.10，図 3.11 参照〕．

なお，検査用の型板を，基準線に合わせて個々の孔の心ずれを測定する方法も非常に能率的で便利である．

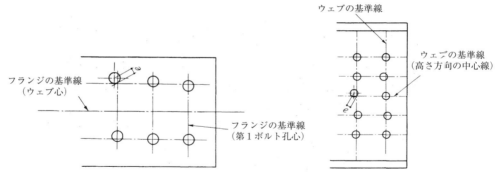

図 3.10 フランジの孔の心ずれの測定要領　　図 3.11 ウェブの孔の心ずれの測定要領

3.5.2 孔相互の間隔

表 3.16

図	管 理 許 容 差	限 界 許 容 差	測 定 器 具
$P+\Delta P$	$-1\,\text{mm} \leqq \Delta P \leqq +1\,\text{mm}$	$-1.5\,\text{mm} \leqq \Delta P \leqq +1.5\,\text{mm}$	コンベックスルール 金属製直尺
	測 定 方 法 ──金属製直尺		

　隣接したボルト孔間隔の許容差を示した．高力ボルト摩擦接合用の孔あけでは前項 3.5.1 で述べたようにドリル孔あけによる方法が採用されるので，孔の心ずれと同様に管理許容差は 1 mm 以下とした．

　孔相互の間隔は，孔心間をコンベックスルール・金属製直尺などで測定し，設計値と比較する．孔間隔は通常，孔へりで測定するが，互いの孔の径が異なる場合，孔が真円から変形している場合は図 3.12 に示すように孔心をけがいて孔心間を直接測定する．そのほか孔の内へり間を測定し，孔径の測定値の $\frac{1}{2}$ を加えて求める方法や，孔のへり間を 2 回測定して平均する方法があり，随時最適な方法を選択するとよい〔写真 3.14 参照〕．

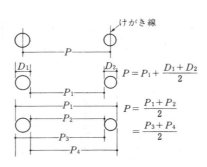

図 3.12 孔間隔の測定方法

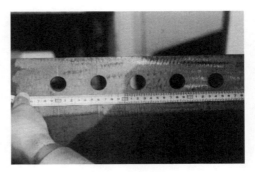

写真 3.14 孔相互の間隔の測定例

3.5.3 孔の食違い

表 3.17

図	管理許容差	限界許容差	測定器具
	$e \leq 1\,mm$	$e \leq 1.5\,mm$	コンベックスルール 直角定規 貫通ゲージ 金属製直尺

測定方法の図

孔の食違いは工事現場施工に支障をきたすことになる．そのためにボルトを無理なく挿入することを考慮して限界許容差を 1.5 mm とした．

孔の食違いの測定は，基本的には目視で確認し，食違いがある場合は最大量の位置で測定する．測定は直角定規（小型のスコヤで，例えば短辺の全長 48 mm，幅 15 mm，長辺の全長 75 mm，幅 16 mm の台付き直角定規）と金属製直尺を用いて測定する〔図 3.13 参照〕．

なお，ボルトの貫通を確認する場合は，貫通ゲージ（所定の孔径より 1 mm 小さく加工した丸棒でもよい）を使用すると簡単で便利である〔写真 3.15 参照〕．

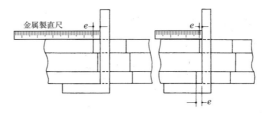

図 3.13 孔の食違いの測定要領

写真 3.15　貫通ゲージを用いた孔の食違い確認

3.5.4　接合部の肌すき

表 3.18

図	管理許容差	限界許容差	測定器具
	$e \leqq 1\,\mathrm{mm}$	$e \leqq 1\,\mathrm{mm}$	テーパーゲージ
		測定方法	
		仮ボルト締付け後　テーパーゲージ	

　高力ボルト締付け前の肌すきは，既往のすべり試験結果に基づいて管理許容差も限界許容差も等しく $e \leqq 1\,\mathrm{mm}$ とした．

　肌すきの測定は，目視で確認し，肌すきがある場合は最大のすき間の箇所をテーパーゲージを用いて測定する〔写真 3.16 参照〕．

写真 3.16　接合部の肌すきの測定例

3.5.5 孔のにしあき・へりあき

表 3.19

図	管理許容差	限界許容差	測定器具
(図: $a_1+\Delta a_1$, $a_2+\Delta a_2$)	$\Delta a_1 \geqq -2\,\mathrm{mm}$ $\Delta a_2 \geqq -2\,\mathrm{mm}$ かつ「鋼構造設計規準」「高力ボルト接合設計施工ガイドブック」の最小縁端距離を満足すること．	$\Delta a_1 \geqq -3\,\mathrm{mm}$ $\Delta a_2 \geqq -3\,\mathrm{mm}$ かつ「鋼構造設計規準」「高力ボルト接合設計施工ガイドブック」の最小縁端距離を満足すること．	コンベックスルール 金属製直尺
		測定方法 (図: 金属製直尺)	

ボルト孔のはしあき・へりあきは構造耐力上重要な項目である．

孔のはしあき・へりあきの測定は，はしおよびへりの縁端から孔心までの距離をコンベックスルールまたは金属製直尺を用いて測定する〔写真 3.17 参照〕．

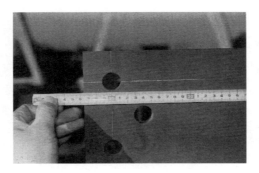

写真 3.17 孔のはしあき・へりあきの測定例

3.6 溶　　接

溶接後の外観については，使用する溶接ワイヤ・棒の種類，被覆アーク溶接・ガスシールドアーク溶接・各種自動溶接などの溶接方法・溶接作業姿勢などによってビードの形状が異なることを認識しなければならない．本節に示した各項目については，応力集中の度合い，過度の溶接による母材の変形，または拘束によって生じる応力を含め，できるだけ構造体の性能低下につながらないよう許容差を定めた．

3.6.1 隅肉溶接のサイズ

表 3.20

図	管理許容差	限界許容差	測定器具
	$0 \leq \Delta S \leq 0.5 S$ かつ $\Delta S \leq 5$ mm	$0 \leq \Delta S \leq 0.8 S$ かつ $\Delta S \leq 8$ mm	溶接ゲージ 限界ゲージ
	測 定 方 法		

設計図書で示された隅肉溶接の設計サイズ S に対する許容差を示す．図 3.14 に隅肉溶接の設計サイズ S，理論のど厚 a'（隅肉溶接のサイズで定まる三角形の隅肉の継手のルートから測った高さ）から決定する隅肉溶接のサイズ S'（隅肉溶接金属の横断面内に描くことのできる最大直角二等辺三角形の等辺の長さ）および脚長 L の関係を示す．脚長 L は，図中の（b）（c）のような凸ビード形状の場合は，サイズ S' と同じかそれ以上となるので，脚長 L を測定すればよい．一方，図中の（a）のような凹ビード形状の場合は，脚長 L を測定しただけではサイズ S' が隅肉溶接の設計サイズ S を満足しているかどうかを確認できない．この場合は，測定したビードの余盛高さを理論のど厚とし，その値を 1.4 倍したものをサイズ S' として，隅肉溶接の設計サイズ S を満足した上で，ΔS が表 3.20 の許容差を満足していることを確認する．

サブマージアーク溶接や被覆アーク溶接のうち，高酸化チタン系やライムチタニヤ系，あるいは鉄粉系溶接棒のビード形状はなめらかになるが，ややへこみ形になるので測定に際しては注意を要する．

脚長 L と隅肉溶接の設計サイズ S の差 ΔS が限界許容差の上限を部分的に超えた場合または部分的に不足がある場合の処置方法については，事前に協議する必要がある．

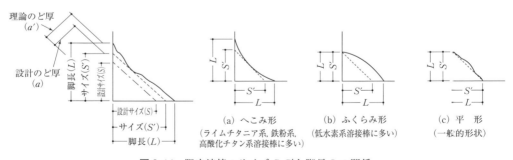

図 3.14 隅肉溶接のサイズ S, S' と脚長 L の関係

隅肉溶接のサイズを溶接線全線にわたって測定するのは実用的でない．測定方法としては，目視で全線を確認し，特に過大あるいは過小と思える箇所を溶接ゲージで測定する方法が実用的である．

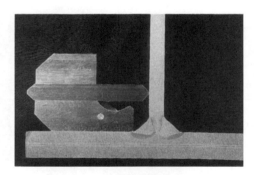

写真 3.18　隅肉溶接のサイズの測定例

なお，溶接ゲージのかわりに限界ゲージを用いて確認する方法も有効である．ただし，フランジの傾斜・折れおよびウェブの曲がりがある場合，正しく測定できないので注意を要する〔写真 3.18 参照〕．

隅肉溶接のサイズの測定箇所数は溶接方法に応じて変えていくことが望ましい．例えば，ガスシールドアーク溶接のように溶接外観がばらつきやすい場合は，数箇所測定し，サブマージアーク溶接やガスシールドアーク自動溶接のように，比較的バラツキが少ない溶接方法の場合は，連続する溶接線の始終端および中央付近の 3 箇所程度を測定すれば十分である．

本会編「鉄骨工事技術指針・工場製作編」5.6「隅肉溶接」には 60° 以上の開先をとった異形隅肉溶接が紹介されている．また，同 5.16.6「溶接組立 H 形鋼サブマージアーク溶接 50° 開先異形隅肉溶接」では，フランジとウェブの接合に用いられる開先角度 50° のサブマージアーク溶接による異形隅肉溶接が紹介されている．

隅肉溶接で重要なのは設計されたのど厚が確保されていることである．異形隅肉溶接の場合は鋼材の板厚，開先深さ，開先角度ごとに，必要なのど厚を確保するためのサイズ S を事前に計算しておき，図 3.15 に示すように脚長 L を測定し，必要なサイズが確保されていることを確認する．

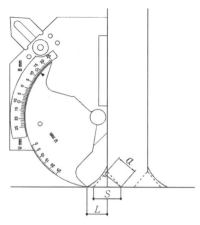

図 3.15　異形隅肉溶接における脚長測定

3.6.2 隅肉溶接の余盛高さ

表 3.21

図	管理許容差	限界許容差	測定器具
(図)	$0 \leqq \Delta a \leqq 0.4 S$ かつ $\Delta a \leqq 4\,\mathrm{mm}$	$0 \leqq \Delta a \leqq 0.6 S$ かつ $\Delta a \leqq 6\,\mathrm{mm}$	溶接ゲージ
	測 定 方 法		

隅肉溶接の余盛高さの測定は，凸ビード形状の場合は隅肉溶接のサイズの測定で代用されるが，凹ビード形状の場合は隅肉溶接のサイズの測定では代用できないため，重要となる．実用上，設計図書には設計のど厚ではなく，隅肉溶接のサイズを指定するのが一般的であるが，構造耐力上必要なのはのど厚であり，これを確保するために隅肉溶接のサイズの指定があることを認識しなければならない．本来の理論のど厚 a' は，図 3.14 の左図に示すように溶接ビード表面の最も低い部分の接線で決まるが，これを計測するのは困難であるため，母材ルート部から 45°方向の溶接金属の高さを余盛高さとし，許容差を設定している．

許容差は隅肉溶接のサイズと整合性をもたせた〔図 3.16 参照〕．したがって，設計のど厚 a と余盛高さとの差 Δa が限界許容差を超える場合は，脚長 L と設計の隅肉溶接のサイズ S との差 ΔS が限界許容差を超える場合の処置方法にならう．

隅肉溶接の余盛高さの測定は，溶接線全線にわたって目視で確認し，過大あるいは過小と思われる箇所を溶接ゲージで測定する．隅肉溶接のサイズの測定と同様，フランジの傾斜・折れおよびウェブの曲がりがある場合，正しく測定できないので注意を要する〔写真 3.19 参照〕．

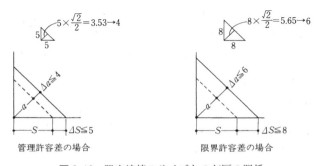

図 3.16 隅肉溶接のサイズとのど厚の関係

写真 3.19　隅肉溶接の余盛高さの測定例

通常使用されている溶接ゲージは，図 3.17(a) に示すように，開先のない隅肉溶接の余盛高さを測定できるように製作されている．異形隅肉溶接では，図 3.17(b) に示すように測定すべき余盛高さと溶接ゲージで測定した値 a は測定位置が異なるため，一般的なゲージは使用できない．

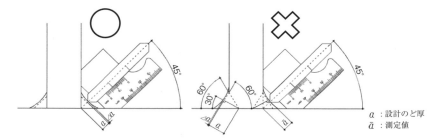

(a) 開先のない隅肉溶接の余盛高さを溶接ゲージで測定した場合　(b) 溶接ゲージを異形隅肉溶接に使用した場合

図 3.17　異形隅肉溶接の余盛高さの不適切な測定例

異形隅肉溶接の余盛高さが設計のど厚を満たしていることを確認するためには，図 3.15 に示す脚長の測定と，図 3.18 に示す限界ゲージによる余盛高さの測定が必要となる．板厚と開先深さごとに限界ゲージを製作しておくとよい．

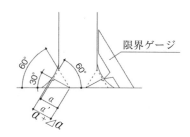

図 3.18　限界ゲージによる異形隅肉溶接の余盛高さの測定例

3.6.3 完全溶込み溶接突合せ継手の余盛高さ

表 3.22

図	管理許容差	限界許容差	測定器具
(図)	$B < 15$ mm $(h=0$ mm$)$ $0 \leqq \Delta h \leqq 3$ mm 15 mm $\leqq B < 25$ mm $(h=0$ mm$)$ $0 \leqq \Delta h \leqq 4$ mm 25 mm $\leqq B$ $(h=0$ mm$)$ $0 \leqq \Delta h \leqq \dfrac{4B}{25}$ mm	$B < 15$ mm $(h=0$ mm$)$ $0 \leqq \Delta h \leqq 5$ mm 15 mm $\leqq B < 25$ mm $(h=0$ mm$)$ $0 \leqq \Delta h \leqq 6$ mm 25 mm $\leqq B$ $(h=0$ mm$)$ $0 \leqq \Delta h \leqq \dfrac{6B}{25}$ mm	溶接ゲージ 限界ゲージ
	測定方法		

突合せ継手の余盛高さは，ビード幅との関係で示されるべきであり，一律に定めた場合には，母材板厚が厚くなればビード幅も広くなり，許容差を超えることが多くなる．本指針では，20 mm～30 mm 程度の板厚までを考慮して許容差を定めた．また，突合せ継手の余盛高さ h は 0 で良いが，施工上，許容差が必要なので $h+\Delta h$ として許容差を定めた．

過大な余盛は，ビード止端部に応力集中を生じ，応力の流れを乱す．また，形状的にも好ましくない．なお，余盛高さは単に許容差の値を満足するだけでなく，母材表面からなめらかに変化していなければならない．

測定方法は，ビード外観を目視で確認し，最高点と最低点について溶接ゲージを用いて測定する．下向姿勢の溶接ビードは余盛が低くなりがちで，特にクレータ部においては大きいへこみがあるので，マイナス側の確認を注意して行う必要がある．横向姿勢の溶接ビードは逆にビードが重なり合い，余盛高さも大きくなる傾向があるので，上限側の許容差内である確認を重点的に行う必要がある〔写真 3.20 参照〕．

写真 3.20　突合せ継手の余盛高さの測定例

通しダイアフラムと梁フランジまたは，外ダイアフラムと梁フランジの完全溶込み溶接突合せ継手は，設計上，板厚差がある場合が多い．その余盛高さは，JASS 6に規定されているように，板厚差による段違い e が薄い方の板厚の $\frac{1}{4}$ を超える場合あるいは10 mmを超える場合は，表3.23(1)のようにT継手に準じた余盛を設ける（3.6.5項および3.6.6項参照）．また段違い e が薄い方の板厚の $\frac{1}{4}$ 以下かつ10 mm以下の場合は，表3.23(2)のように薄い方の材の表面から厚い方の材の表面へなめらかに移行するように溶接する．この場合，板厚が同じ突合せ継手と同様に，余盛高さ h は0で良い．ただし， h は段違いを結んだ斜めの面（図3.19）の破線とし，これに対して施工上の許容差が必要なので， $h+\Delta h$ として突合せ継手の余盛高さの許容差を適用する．

表 3.23

区	管 理 許 容 差	限 界 許 容 差	測 定 器 具
	(1) T継手に準じた余盛高さ (2) 突合せ継手に準じた余盛高さ	(1) T継手に準じた余盛高さ (2) 突合せ継手に準じた余盛高さ	溶接ゲージ 限界ゲージ

測 定 方 法

(1) T継手に準じた余盛

(2) 突合せ継手に準じた余盛

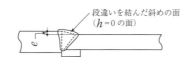

図3.19　板厚の異なる突合せ継手の余盛高さの説明

T継手に準じた余盛の高さの測定方法は，T継手の余盛高さの測定方法（3.6.5項および3.6.6項）と同様である．突合せ継手に準じた余盛高さの測定方法は，傾斜している面の余盛高さを測定することになる．本指針では，ビード幅中央付近の薄い方の材からの高さ（h_1）を，溶接ゲージで測定し，この値から段違い e の $\frac{1}{2}$ を差し引いた値を $h+\Delta h$ とする．この測定では，斜めの面に対する Δh に対して，測定する方向が若干異なるので，角度成分だけ測定値に差が生じるが，大きな差ではないので許容する．

厚い方の材に乗り上げたビードや，薄い方の材の溶接止端部に生じたアンダーカットなどの補修のために置かれたビードは，本来の余盛ではないので，測定の対象ではないが，これらの過大な余盛は応力伝達上好ましくないので，施工上注意が必要である．

3.6.4 完全溶込み溶接角継手の余盛高さ

表 3.24

図	管 理 許 容 差	限 界 許 容 差	測 定 器 具
	$B < 15$ mm $(h=0$ mm$)$ $0 \leqq \Delta h \leqq 3$ mm 15 mm $\leqq B < 25$ mm$(h=0$ mm$)$ $0 \leqq \Delta h \leqq 4$ mm 25 mm $\leqq B$ $(h=0$ mm$)$ $0 \leqq \Delta h \leqq \dfrac{4B}{25}$ mm	$B < 15$ mm $(h=0$ mm$)$ $0 \leqq \Delta h \leqq 5$ mm 15 mm $\leqq B < 25$ mm$(h=0$ mm$)$ $0 \leqq \Delta h \leqq 6$ mm 25 mm $\leqq B$ $(h=0$ mm$)$ $0 \leqq \Delta h \leqq \dfrac{6B}{25}$ mm	溶接ゲージ 限界ゲージ
	測 定 方 法		

建築鉄骨で完全溶込み溶接角継手を使用するのは，溶接組立箱形断面の角溶接があり，サブマージアーク溶接やガスシールドアーク溶接が用いられる．従来，角継手の余盛高さの許容差には，突合せ継手の許容差を準用してきたが，明確に定められていなかった．溶接組立箱形断面の角継手は，通常，極端な余盛過大でなければ構造性能に大きく影響しないため，完全溶込み溶接角継手の余盛高さを，突合せ継手の余盛高さとは別に定めた．

3.6.5 完全溶込み溶接Ｔ継手（裏当て金あり）の余盛高さ

表 3.25

図	管 理 許 容 差	限 界 許 容 差	測 定 器 具
	$t \leqq 40$ mm$(h=\dfrac{t}{4}$ mm$)$ $0 \leqq \Delta h \leqq 7$ mm $t > 40$ mm$(h=10$ mm$)$ $0 \leqq \Delta h \leqq \dfrac{t}{4}-3$ mm	$t \leqq 40$ mm$(h=\dfrac{t}{4}$ mm$)$ $0 \leqq \Delta h \leqq 10$ mm $t > 40$ mm$(h=10$ mm$)$ $0 \leqq \Delta h \leqq \dfrac{t}{4}$ mm	溶接ゲージ 限界ゲージ
	測 定 方 法		

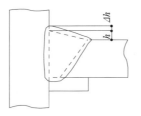

図 3.20　余盛高さ説明図

完全溶込み溶接 T 継手（裏当て金あり）は，応力がなめらかに伝わるような適正な余盛が必要であり，その余盛高さ h は，

$t \leqq 40\,\mathrm{mm}$ のとき　$h = \dfrac{t}{4}\,\mathrm{mm}$

$t > 40\,\mathrm{mm}$ のとき　$h = 10\,\mathrm{mm}$

である〔図 3.20 参照〕．また，余盛形状は応力集中を避ける意味から，形状はなめらかであることが肝要である．

完全溶込み溶接 T 継手（裏当て金あり）の溶接作業は，主として下向きあるいは横向き姿勢となるので，その余盛形状は図 3.21，写真 3.21 のようになり，特に横向き姿勢では，余盛高さが高くなる傾向がある．この傾向は板厚が大きくなるほど顕著であるため横向き姿勢を考慮して，許容差を板厚によって分けることとした．

測定は，隅肉溶接のサイズと同様に溶接ゲージを用いて測定する〔写真 3.22 参照〕が，限界ゲージを用いて確認すると効率的である．

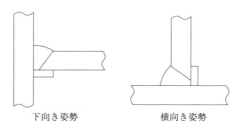

図 3.21　完全溶込み溶接 T 継手の余盛形状の傾向

写真 3.21　完全溶込み溶接 T 継手の余盛形状

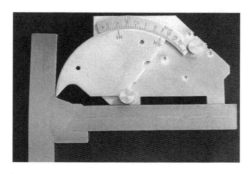

写真 3.22 完全溶込み溶接 T 継手の余盛高さの測定例

3.6.6 完全溶込み溶接 T 継手（裏はつり）の余盛高さ

表 3.26

図	管理許容差	限界許容差	測定器具
	$t \leqq 40$ mm $(h = \dfrac{t}{8}$ mm$)$ $0 \leqq \varDelta h \leqq 7$ mm $t > 40$ mm $(h = 5$ mm$)$ $0 \leqq \varDelta h \leqq \dfrac{t}{4} - 3$ mm	$t \leqq 40$ mm $(h = \dfrac{t}{8}$ mm$)$ $0 \leqq \varDelta h \leqq 10$ mm $t > 40$ mm $(h = 5$ mm$)$ $0 \leqq \varDelta h \leqq \dfrac{t}{4}$ mm	溶接ゲージ 限界ゲージ
	測定方法		

完全溶込み溶接 T 継手の余盛高さを $h = \dfrac{t}{4}$ としている根拠は，本会編「溶接工作規準 VI・同解説 ガスシールドアーク半自動溶接」（1971 年）の以下の記述による．「各種鋼材について，その板厚方向の強度を調査した結果を参考までに示せば，…ほぼ圧延方向の強度の 80％程度の強度を保持している．…したがって，$\dfrac{t}{4}$ の補強隅肉をつけておけば突き合わされる板の強度的な弱点は十分カバーされると思われる．」

レ形開先 T 継手裏当て金ありの場合は，開先側ビードの余盛高さ $h = \dfrac{t}{4}$ を確保するが，裏はつり開先の場合，開先側と裏はつり側それぞれのビードの余盛高さ $h = \dfrac{t}{4}$ とすると，両側では $h = \dfrac{t}{2}$ となり，過大な余盛となる．特に開先深さの浅い D_2 側では，余盛部の傾斜が大きくなり，応力集中点が変化する可能性がある．

以上の点に鑑み，裏はつりの K 形開先およびレ形開先の余盛高さは，T 継手の余盛高さ（裏当て金あり）とは別の許容差とした．

3.6.7 部分溶込み溶接突合せ継手（K形開先）の余盛高さ

部分溶込み溶接突合せ継手の余盛高さ h は，完全溶込み溶接突合せ継手の余盛高さと同様に 0 で良いが，施工上，許容差が必要なので $h+\Delta h$ として許容差を定めた．

測定は，完全溶込み溶接突合せ継手の測定に準じる．

表 3.27

図	管理許容差	限界許容差	測定器具
	$B_1, B_2 < 15\,\text{mm}\,(h_1=h_2=0\,\text{mm})$ $0 \leqq \Delta h_1 \leqq 3\,\text{mm}$ $0 \leqq \Delta h_2 \leqq 3\,\text{mm}$ $15\,\text{mm} \leqq B_1, B_2 < 25\,\text{mm}$ $(h_1=h_2=0\,\text{mm})$ $0 \leqq \Delta h_1 \leqq 4\,\text{mm}$ $0 \leqq \Delta h_2 \leqq 4\,\text{mm}$ $25\,\text{mm} \leqq B_1, B_2\,(h_1=h_2=0\,\text{mm})$ $0 \leqq \Delta h_1 \leqq \dfrac{4B_1}{25}\,\text{mm}$ $0 \leqq \Delta h_2 \leqq \dfrac{4B_2}{25}\,\text{mm}$	$B_1, B_2 < 15\,\text{mm}\,(h_1=h_2=0\,\text{mm})$ $0 \leqq \Delta h_1 \leqq 5\,\text{mm}$ $0 \leqq \Delta h_2 \leqq 5\,\text{mm}$ $15\,\text{mm} \leqq B_1, B_2 < 25\,\text{mm}$ $(h_1=h_2=0\,\text{mm})$ $0 \leqq \Delta h_1 \leqq 6\,\text{mm}$ $0 \leqq \Delta h_2 \leqq 6\,\text{mm}$ $25\,\text{mm} \leqq B_1, B_2\,(h_1=h_2=0\,\text{mm})$ $0 \leqq \Delta h_1 \leqq \dfrac{6B_1}{25}\,\text{mm}$ $0 \leqq \Delta h_2 \leqq \dfrac{6B_2}{25}\,\text{mm}$	溶接ゲージ 限界ゲージ
	測 定 方 法		

3.6.8 部分溶込み溶接 T 継手（レ形開先）の余盛高さ

部分溶込み溶接 T 継手（レ形開先）の余盛高さ h は，完全溶込み溶接 T 継手（裏当て金あり）の余盛高さと同じ根拠から開先深さの $\dfrac{1}{4}$ とした．

測定は，完全溶込み溶接 T 継手の測定に準じる．

表 3.28

図	管理許容差	限界許容差	測定器具
	$D \leqq 40\,\text{mm}\left(h=\max\left(\dfrac{D}{4},\ 5\right)\text{mm}\right)$ $0 \leqq \Delta h \leqq 7\,\text{mm}$ $D > 40\,\text{mm}\,(h=10\,\text{mm})$ $0 \leqq \Delta h \leqq \dfrac{D}{4}-3\,\text{mm}$	$D \leqq 40\,\text{mm}\left(h=\max\left(\dfrac{D}{4},\ 5\right)\text{mm}\right)$ $0 \leqq \Delta h \leqq 10\,\text{mm}$ $D > 40\,\text{mm}\,(h=10\,\text{mm})$ $0 \leqq \Delta h \leqq \dfrac{D}{4}\,\text{mm}$	溶接ゲージ 限界ゲージ
	測 定 方 法		

3.6.9 部分溶込み溶接T継手（K形開先）の余盛高さ

部分溶込み溶接ののど厚は，開先深さにより決定する．部分溶込み溶接T継手（K形開先）の余盛高さ h_1, h_2 は，設計のど厚から要求される強度と溶接される側の板厚方向の強度を考慮し開先深さ D_1, D_2 の $\frac{1}{4}$ とした．ただし，完全溶込み溶接T継手（裏はつり）の余盛高さとは分母が違うので注意する．

測定は，完全溶込み溶接T継手の測定に準じる．

表 3.29

図	管理許容差	限界許容差	測定器具
	$D_1, D_2 \leqq 40$ mm $h_1 = \max\left(\dfrac{D_1}{4},\ 5\right)$ mm $h_2 = \max\left(\dfrac{D_2}{4},\ 5\right)$ mm $0 \leqq \Delta h_1 \leqq 7$ mm $0 \leqq \Delta h_2 \leqq 7$ mm $D_1, D_2 > 40$ mm $(h_1, h_2 = 10$ mm$)$ $0 \leqq \Delta h_1 \leqq \dfrac{D_1}{4} - 3$ mm $0 \leqq \Delta h_2 \leqq \dfrac{D_2}{4} - 3$ mm	$D_1, D_2 \leqq 40$ mm $h_1 = \max\left(\dfrac{D_1}{4},\ 5\right)$ mm $h_2 = \max\left(\dfrac{D_2}{4},\ 5\right)$ mm $0 \leqq \Delta h_1 \leqq 10$ mm $0 \leqq \Delta h_2 \leqq 10$ mm $D_1, D_2 > 40$ mm $(h_1, h_2 = 10$ mm$)$ $0 \leqq \Delta h_1 \leqq \dfrac{D_1}{4}$ mm $0 \leqq \Delta h_2 \leqq \dfrac{D_2}{4}$ mm	溶接ゲージ 限界ゲージ

測定方法

3.6.10 アンダーカット

表 3.30

図	管理許容差	限界許容差	測定器具
	完全溶込み溶接 　　$e \leqq 0.3$ mm 前面隅肉溶接 　　$e \leqq 0.3$ mm 側面隅肉溶接 　　$e \leqq 0.5$ mm ただし，上記の数値を超え，0.7 mm 以下の場合，溶接長さ 300 mm あたり総長さが 30 mm 以下かつ 1 箇所の長さが 3 mm 以下.	完全溶込み溶接 　　$e \leqq 0.5$ mm 前面隅肉溶接 　　$e \leqq 0.5$ mm 側面隅肉溶接 　　$e \leqq 0.8$ mm ただし，上記の数値を超え，1 mm 以下の場合，溶接長さ 300 mm あたり総長さが 30 mm 以下かつ 1 箇所の長さが 5 mm 以下.	アンダーカットゲージ 対比試験片
	測定方法		
	アンダーカットゲージ	ダイヤルゲージ式 アンダーカットゲージ	対比試験片との比較

　アンダーカットは断面減少をきたすばかりでなく，継手表面の切欠きとなって，その部分に応力を集中させ，特に繰返し荷重に対する影響が大きい．溶接により長さの短いアンダーカットを補修する場合，補修溶接がショートビードとなり，母材を傷めることによる弊害のほうが，微少なアンダーカットよりも大きいことを配慮し，長さの許容差を設けることとした．ただし，告示 1464 号のアンダーカットの規定は，本指針の許容差より厳しいので注意が必要である．

　なお，溶接長 300 mm あたりとしたのは，超音波探傷検査の合否判定に用いる単位溶接線 300 mm に合せたものである．隅肉溶接では，前面隅肉溶接と側面隅肉溶接で許容差を変えている．図 3.22 に示す隅肉溶接において，①部が前面隅肉溶接であり，②部が側面隅肉溶接である．

　アンダーカットの形状は，V 形と U 形に大別されるが，鋭いノッチ状を形成する V 形は繰返し荷重に対して特に危険である．

　見逃がしがちなのは，図 3.23 のように，裏当て金の組立て溶接により母材に生じるアンダーカ

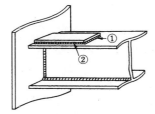

図 3.22　前面隅肉溶接と側面隅肉溶接の例

図 3.23　裏当て金の組立て溶接時に生じるアンダーカット

ットである．検査時点で死角になっていることが多いので注意が必要である．

　アンダーカットの深さを精度よく測定するのは容易ではない．そのため，まず最初に目視で検査を行うのがよい．目視で検査を行う方法としては，個人差が生じないように，検査を行う前にあらかじめアンダーカットの対比試験片によりアンダーカットの深さを十分頭に入れた上で確認することが重要である．また目視で行うときは，実際の深さよりやや大きく見えることがあるので，ときどきアンダーカットゲージを用いて測定するとよい．アンダーカットゲージを用いて測定する場合，不注意に扱うと測定誤差が大きくなるため，特に零点調整については，測定するアンダーカットの近傍で零点調整してからアンダーカットの深さを測るか，アンダーカットの測定深さと，そのアンダーカットの近傍の母材の高さとの差をアンダーカットの深さとするなどの配慮が必要である〔写真3.23, 3.24参照〕．

　ダイヤルゲージを適用したアンダーカットゲージも活用するとよい〔写真3.25参照〕．

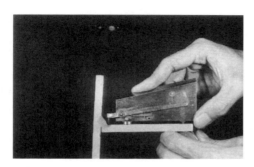

写真 3.23　アンダーカットゲージによる測定例

写真 3.24　アンダーカット対比試験片の例

写真 3.25　ダイヤルゲージを適用したアンダーカットゲージによる測定例

3.6.11 突合せ継手の食違い

表 3.31

図	管理許容差	限界許容差	測定器具
(図) $t=\min(t_1, t_2)$	$t \leq 15\,\mathrm{mm}$ 　　$e \leq 1\,\mathrm{mm}$ $t > 15\,\mathrm{mm}$ 　　$e \leq \dfrac{t}{15}$ かつ $e \leq 2\,\mathrm{mm}$	$t \leq 15\,\mathrm{mm}$ 　　$e \leq 1.5\,\mathrm{mm}$ $t > 15\,\mathrm{mm}$ 　　$e \leq \dfrac{t}{10}$ かつ $e \leq 3\,\mathrm{mm}$	金属製角度直尺 金属製直尺 テーパーゲージ 溶接ゲージ 測定治具

測定方法（図）

　本許容差は，〔注〕に示す文献を参考に最大主応力説に基づいて求めた図3.24に示すV形開先による突合せ継手の食違い量と耐力低下の関係から，5%程度の耐力低下を許容範囲として定めたものである．なお，突き合せる部材の板厚が異なる場合は薄いほうの板厚をtとし，許容差の区分に従う．

　食違いの測定は，溶接部両端の位置で溶接ゲージを用いて測定する．なお，組立て時点と同様に余盛または裏当て金を避けるように金属製直尺を鋼板から一定間隔浮かせてセットして，片方のすき間を金属製直尺またはテーパーゲージで測定して食違いを測る方法もある〔写真3.26参照〕．

　また，許容差は3.4「工作および組立て」の値と同一であり，告示1464号の食違いの許容差は，本指針の限界許容差に相当するものである．

　柱の通しダイアフラムと梁フランジの突合せ継手（類似の形式も同様）は設計上板厚が異なる場合が多く，ダイアフラムの板厚内に梁フランジ板厚が納まれば食違いは生じていないものとしている．しかし，板厚中心での偏心量が設計上影響を及ぼす場合は，具体的な値や許容差を設計図書に明記する必要がある．

　図3.25に示すような隅肉溶接により柱と接合されるリング形式外ダイアフラムを用いる場合は，外ダイアフラムと梁フランジの偏心量Eが継手耐力に大きく影響する．したがって，このような場合も具体的な値や許容差を設計図書に明記する必要がある．測定は表3.32に準じて行う．

〔注〕　矢部喜堂ほか：二つ割鋼裏当金を用いた突合せ溶接継手の引張強度に関する実験的研究；日本建築学会大会学術梗概集，昭和47年

3章 精度基準と測定方法 — 69 —

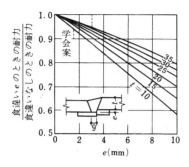

図 3.24 食違い量と耐力低下の関係

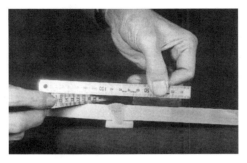

写真 3.26 突合せ継手の食違いの測定例

表 3.32

図	管理許容差	限界許容差	測定器具
(図)	e　設計図書	e　設計図書	溶接ゲージ 金属製直尺 金属製角度直尺 テーパーゲージ
	測　定　方　法		

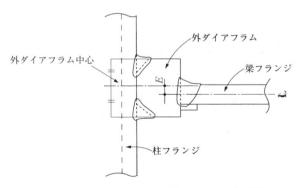

図 3.25 外ダイアフラムと梁フランジの偏心例

3.6.12 仕口のずれ

表 3.33

図	管理許容差	限界許容差	測定器具
	$t \geq t_3$ 　$e \leq \dfrac{2t}{15}$ かつ $e \leq 3\,\text{mm}$ $t < t_3$ 　$e \leq \dfrac{t}{6}$ かつ $e \leq 4\,\text{mm}$	$t \geq t_3$ 　$e \leq \dfrac{t}{5}$ かつ $e \leq 4\,\text{mm}$ $t < t_3$ 　$e \leq \dfrac{t}{4}$ かつ $e \leq 5\,\text{mm}$	コンベックスルール テーパーゲージ 測定治具 金属製直尺

測定方法

柱・梁接合部に取り付くフランジとダイアフラムのずれは，接合部の耐力に影響を与える．

許容差の値は，3.4「工作および組立て」の値と同一であり，板厚が異なる場合の測定方法もこれにならう．告示 1464 号の仕口のずれの許容差は，本指針の限界許容差に相当するものである．

仕口のずれの測定方法は，中央のフランジおよび溶接部の余盛を避けてフランジとダイアフラムの直線性が測れる治具と，テーパーゲージを用いてビードにもっとも近い位置で測定する．測定位置は，図 3.26 のようにフランジとダイアフラムの両端面とする〔写真 3.27 参照〕．また，ダイヤルゲージを適用した仕口のずれ測定治具も活用するとよい〔写真 3.28 参照〕．

箱形断面柱および円形断面柱などの閉鎖断面内のダイアフラムと梁フランジとのずれは，組立て時に前もってダイアフラムの位置をスキンプレート表面にけがいておき，そのけがき線と梁フランジとの距離 b を測定し，けがき線とダイアフラムの位置 a との差をずれ量 e とする．その測定方法には，金属製直尺またはコンベックスルールを使用する．

3章 精度基準と測定方法 — 71 —

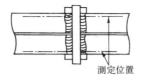

図3.26 仕口のずれの測定位置

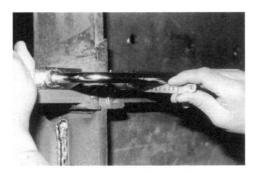

写真3.27 仕口のずれの測定例

写真3.28 ダイヤルゲージを適用した
仕口のずれの測定ゲージ

3.6.13 ビード表面の不整

表 3.34

図	管理許容差	限界許容差	測定器具
	ビード表面の凹凸の高低差 e_1（ビード長さ方向），e_2（ビード幅方向）は溶接長さ，またはビード幅 25 mm の範囲で 2.5 mm 以下．ビード幅の不整 e_3 は溶接長さ 150 mm の範囲で 5 mm 以下．	ビード表面の凹凸の高低差 e_1（ビード長さ方向），e_2（ビード幅方向）は溶接長さ，またはビード幅 25 mm の範囲で 4 mm 以下．ビード幅の不整 e_3 は溶接長さ 150 mm の範囲で 7 mm 以下．	溶接ゲージ 金属製直尺 コンベックスルール テーパーゲージ

測定方法

$e_1 = \{(a+b)/2\} - c$
$e_2 = \{(a+b)/2\} - c$
$e_3 = B_1 - B_2$

通常の施工条件におけるビード外観は，本規定を満足することは困難でなく，逆にこの規定が満足できない場合は，ほかの溶接部の品質の項目についても疑問視されることが多い．ビード表面の不整についての判断は目視によることが多く，多分に主観的な要素が強いが，図 3.27 に示すように溶接技能者の技量検定試験において，ビード表面形状の不整の程度に応じて合格率も低くなっている現状により，規定した許容差程度は最低限守るべきである．目視で確認する場合には，個人差が生じないようにする必要がある．

測定は，原則，目視で行い，ビード形状が著しい不連続になっていないかを確認する〔写真 3.29 参照〕．溶接ゲージなどで測定する場合は，幅方向に対しては金属製直尺，高さ方向に対しては溶接ゲージを用いて差を測定する．なお，隅肉溶接・完全溶込み溶接 T 継手のビード形状の測定は，特殊なノギス，パスなどを製作する必要がある．

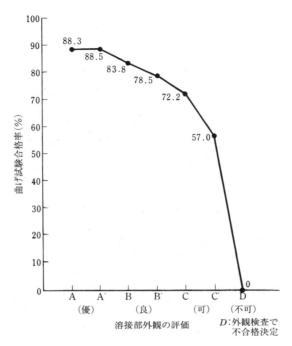

図 3.27 溶接技量検定試験における外観評価に対する曲げ試験の合格率の例
（鉄骨工事シリーズ2．鉄骨の溶接，理工図書より）

写真 3.29 ビード表面の不整の例

3.6.14 ピット

表 3.35

図	管理許容差	限界許容差	測定器具
	溶接長さ 300 mm あたり 1 個以下．ただし，ピットの大きさが 1 mm 以下のものは 3 個を 1 個として計算する．	溶接長さ 300 mm あたり 2 個以下．ただし，ピットの大きさが 1 mm 以下のものは 3 個を 1 個として計算する．	ルーペ
	測定方法　目視による．		

　ピットの有無および数は，ビードを目視により確認する．
　許容差を溶接長さ 300 mm あたりとしたのは，超音波探傷検査における合否判定に用いる単位溶接線 300 mm に合せたものである．ピット，ブローホールの発生原因はいろいろあるが，シールドガスによる保護が不十分であったり，被覆剤やフラックスの吸湿がはなはだしい場合には，ときとして底まで達するピットが生じることがある．本指針では，このようなピットは対象外としている．許容差でピットの径については触れていないが，通常見られる 1 mm 以下の小径のピットを想定している．
　また，サブマージアーク溶接などで，規則的な間隔（例えば 300 mm）でピットが発生することがあるが，なんらかの不具合が原因となっていると考えられるので，早期にその不具合の原因を究明すべきである．

3.6.15 割れ

表 3.36

図	管理許容差	限界許容差	測定器具
〈溶接金属割れ〉クレータ割れ　横割れ　縦割れ	―	あってはならない．	―
	測定方法　目視による．		

　割れは，比較的高温で発生する高温割れと，低温まで冷却した後に発生する低温割れに大別される．割れは，溶接構造物の損傷破壊につながる最も大きな要因の一つである．溶接部に生じる割れを確認，特定することは，品質管理の上で重要な点である．原則として，測定方法は目視による．
　鉄骨溶接部の非破壊検査方法は，超音波探傷検査が内部品質の確認のために利用されているが，割れ特有の発生箇所を考慮し，特に表層部等に特定されるような場合は，磁粉探傷検査または浸透探傷検査を行う場合もある．

3.6.16 オーバーラップ

表 3.37

図	管理許容差	限界許容差	測定器具
	—	著しいものは認めない.	—
	測定方法 目視による.		

オーバーラップは，母材と融合せずにはみ出た溶着金属がビード止端部に重なった部分を称したものである．許容されるオーバーラップの程度は，例えば止端部のフランク角が 90° を超えるものとする考え方もあるが，継手に要求される性能によって判断されることから，定量的評価は困難である．しかし，溶接継手の性能を低下させる要因の一つと考えられるため，十分な注意が必要である．

3.6.17 スタッド溶接後の仕上がり高さと傾き

表 3.38

図	管理許容差	限界許容差	測定器具
	$-1.5\,\text{mm} \leq \Delta L \leq +1.5\,\text{mm}$	$-2\,\text{mm} \leq \Delta L \leq +2\,\text{mm}$	金属製直尺 度型板 コンベックスルール
	$\theta \leq 3°$	$\theta \leq 5°$	
	測定方法 スタッドが傾いている場合は，軸の中心でその軸長を測定する.		

スタッドの仕上がり高さは，コンベックスルール・金属製直尺を用いて測定する〔写真 3.30 参照〕．

検査の抜取率は，JASS 6 において，打撃曲げと同様に，仕上がり高さと傾きの場合についても記述されている．

仕上がり高さは，スタッドの傾きに合わせて中心部の長さを測定する．傾きは目視により確認し，疑わしいと判断した場合は度型板（85°）を用いて最大傾斜の位置に合わせて確認する〔写真 3.31 参照〕．スタッドの下端側に未溶着部分がある場合は不適合となる．また，スタッド打撃曲げ検査の曲げ角度は，75° の度型板を用いて確認する．

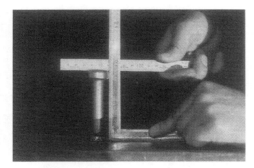

写真 3.30 スタッド溶接の仕上がり高さの測定例

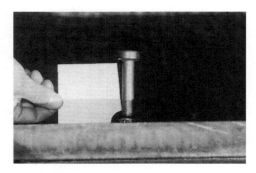

写真 3.31 度型板を用いたスタッドの傾きの測定例

3.7 製　品

　柱と梁の長さの許容差は，その機能上の特性から明確に区別する必要がある．梁の長さは小梁の取合い，梁貫通スリーブ，カーテンウォールファスナ，付属金物などが取り付くが，加工方法に注意すれば本指針の許容差に入るので，あえて長さによる区分はしていない．一方，柱の長さは通常最大 15 m 程度であり，平屋建てのものから 1 節に 4 層分の取合いのある柱まである．梁と比較して溶接量も多く，溶接による収縮量が予測どおりには納まらない場合もあり，溶接変形に対する加熱矯正による収縮など，変動要因を考慮して長さによる区分を定めた．いずれにしても柱と梁の長さの精度は，その形状・加工方法・溶接量によって左右されることが多い．したがって，形状が複雑で収縮量の予測ができないものについては，溶接ひずみ取り作業の終了後，けがきを行って，部材長さまたは工事現場接合用の孔を定めるなどして精度の確保に努める必要がある．

　（一社）日本鉄鋼連盟（以下，鉄連という）が設定した製品規定（以下，鉄連製品規定という）の内，建築用途を対象にした冷間成形角形鋼管の鉄連製品規定「建築構造用冷間ロール成形角形鋼管（BCR295）」，「建築構造用冷間プレス成形角形鋼管（BCP235・BCP325）」および「建築構造用高性能冷間プレス成形角形鋼管（BCP325T）」に定める寸法許容差は，素管に対する寸法許容差である．ここで定めた許容差は，冷間成形角形鋼管の製造会社または製造会社の指定する切断工場で加工することを前提に，切断後の製品に対する寸法許容差として適用できることを確認し，一部の項目を本指針に取り込んでいる．

また，鉄連製品規定によらない冷間成形角形鋼管については，各製造会社の寸法許容差によるものであり，本指針の適用に際しては，事前に各製造会社に確認することが必要である．各製造会社が独自に大臣認定を取得している高強度の冷間成形角形鋼管においては，本指針で規定する項目について同等の扱いができるとしているが，事前に製造会社に確認するのが望ましい．

　長さの測定には，JIS B 7512による1級の鋼製巻尺を使用するが，1級のものであってもそれぞれの長さの許容差内におけるバラツキが無視できないので，工場製作・検査・工事現場などにおいて一貫した長さの基準が必要である．そのために，基準巻尺として設定したものと各工程で使用する巻尺とについて，それぞれの目盛を照合してその差を確認しておく必要がある．

　また，正確な測定値を得るためには，10m以上の長さを測定する場合はそれぞれの巻尺について定められた張力を加えることとする．また，10m未満の場合には巻尺が緊張する程度の力で行えば手引きでよい．しかし，巻尺を平たんな面に載せて測定する場合を除けば，いずれの場合も中間にたるみが発生するので，適当な間隔で支点を設けるなど，その対策を講じることが大切である．

　製品の許容差に関連して問題となるのが単品長さおよび累積誤差の許容差である．例えば，梁では単品長さの許容差を規定しているが，最終的に鉄骨として必要なことは，柱のせい，梁の長さ，仕口部の長さおよび柱の曲がりと，建方時の継手部の長さなどを含めた総合的な累積誤差の許容差である．したがって，単品として梁の長さがその許容差を超えていても，その梁の長さ方向の累積誤差が特記された許容差を満足していれば支障ないとの考え方もあり，その扱いは今後の大きな課題となろう．

　製品の許容差に関して残されたもう一つの課題に，単品管理とロット管理の問題がある．本指針においては一部ロット管理の考え方を導入したが，全体的には単品管理を基本とした．その結果として部材数が多い超高層ビル・大スパン構造物などの鉄骨では，寸法の偏り，バラツキの影響によって建方に問題を生じることがある．したがって，部材数が多い鉄骨などでは，一般的な規模の鉄骨を対象として定めた本指針の単品管理以外に，それぞれの工事ごとに協議してロット管理の方法を定めるのがよい．

　なお，ロット管理における測定値の偏り，バラツキの限界値の設定においては，各検査項目に応じて適切な限界値を定めることが必要である．一般には「柱の長さ」は，バラツキを重視すべきであり，「梁の長さ」「仕口部の長さ」は偏りを重視するべきである．「梁の曲がり」，「柱の曲がり」などでは両者をある程度満足するよう定める必要がある．

3.7.1 柱の長さ

表 3.39

図	管理許容差	限界許容差	測定器具
高力ボルト接合 / 溶接接合	$H < 10\,\mathrm{m}$ 　$-3\,\mathrm{mm} \leqq \varDelta H \leqq +3\,\mathrm{mm}$ $H \geqq 10\,\mathrm{m}$ 　$-4\,\mathrm{mm} \leqq \varDelta H \leqq +4\,\mathrm{mm}$	$H < 10\,\mathrm{m}$ 　$-5\,\mathrm{mm} \leqq \varDelta H \leqq +5\,\mathrm{mm}$ $H \geqq 10\,\mathrm{m}$ 　$-6\,\mathrm{mm} \leqq \varDelta H \leqq +6\,\mathrm{mm}$	JIS 1 級鋼製巻尺 金属製角度直尺 直 角 定 規 孔心間測定用治具 金 属 製 直 尺

測定方法
1) 測定位置は任意の 1 面とする.
2) 長さが 10 m 以上のものの測定は巻尺に対して所定の張力をかけて行う. 10 m 未満のものは巻尺が緊張する程度の力とし手引きでよい.
3) 高力ボルト接合でクリアランスを設けた場合は, 柱頭柱脚の第 1 ボルト孔心間とする.
4) 溶接接合でクリアランスを設けない場合は, 柱頭柱脚の両端面間とする.
5) ベースプレート付き柱では, 柱脚側はベースプレート下面とする.

　柱の継手は高力ボルト接合でクリアランスを設けたものと, 溶接接合のように接合部にクリアランスを設けないものに大別できる. クリアランスを設けた場合は柱頭柱脚の第 1 ボルト孔心間, 設けない場合は柱頭柱脚端面間を柱の長さとする〔図 3.28, 図 3.29 参照〕.
　クリアランスを設けない場合は, 端面の直角精度が柱の長さに影響を与えるので注意が必要である. また, 柱が冷間成形角形鋼管の場合, 鉄連製品規定には端面の直角度に関する規定がないのでこれを認識して精度を確認する.
　柱脚がベースプレートの場合は, ベースプレート下端で測定するが, 溶接変形に注意して金属製直尺を当てて測定する. 柱頭部がトッププレート形式の場合も同様に溶接変形に注意してトッププレート上端に金属製直尺を当てて測定する. ただし, トッププレートに勾配がある場合は, 測定した面を明確にしておく必要がある〔図 3.30 参照〕.
　セットバックした柱の長さの場合は, 柱頭側角部とベース外側角部間 (図 3.31 の H) を計測す

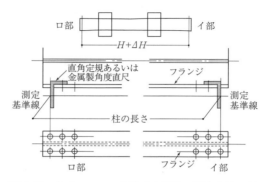

図 3.28　クリアランスを設けた場合の測定方法の例

る．その際は，角度については定盤上やレベルで高さを測定する（図 3.31 の L 寸法），柱心からの水糸またはレーザ墨出し器を用いて確認するなどの方法がある．

　高力ボルト接合の場合の孔心間の測定では，梁の長さの測定と同様，測定精度の向上・測定の迅速化のため孔心間測定用治具の利用が有効である．

　柱の長さを測定する面は 1 面とするが，あらかじめ東西南北のいずれかの 1 面を定めておくことが望ましい．柱の形状によりあらかじめ定めた面での測定が困難な場合は，測定しやすい任意の 1 面とし，鋼製巻尺をフランジに沿わせて測定する〔写真 3.32 参照〕．

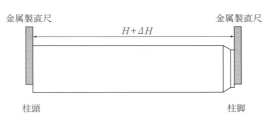

図 3.29　溶接接合やメタルタッチの場合の
　　　　測定方法の例

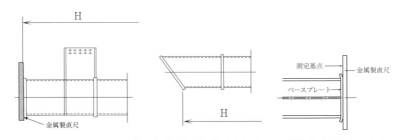

図 3.30　柱頭または柱脚にプレートがある場合の例

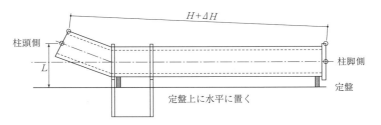

図 3.31　セットバックした柱の測定方法の例

写真 3.32 柱の長さの測定例

3.7.2 階　高

表 3.40

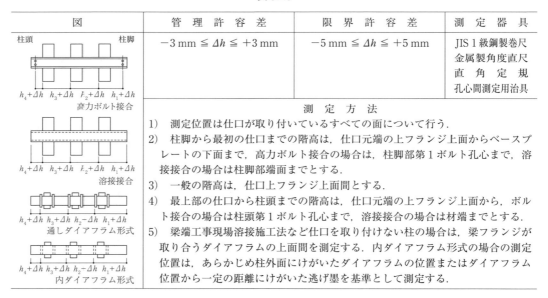

図	管 理 許 容 差	限 界 許 容 差	測 定 器 具
	$-3\,\text{mm} \leqq \Delta h \leqq +3\,\text{mm}$	$-5\,\text{mm} \leqq \Delta h \leqq +5\,\text{mm}$	JIS 1 級鋼製巻尺 金属製角度直尺 直 角 定 規 孔心間測定用治具
	測　定　方　法		
	1) 測定位置は仕口が取り付いているすべての面について行う． 2) 柱脚から最初の仕口までの階高は，仕口元端の上フランジ上面からベースプレートの下面まで，高力ボルト接合の場合は，柱脚部第 1 ボルト孔心まで，溶接接合の場合は柱脚部端面までとする． 3) 一般の階高は，仕口上フランジ上面間とする． 4) 最上部の仕口から柱頭までの階高は，仕口元端の上フランジ上面から，ボルト接合の場合は柱頭第 1 ボルト孔心まで，溶接接合の場合は材端までとする． 5) 梁端工事現場溶接施工法など仕口を取り付けない柱の場合は，梁フランジが取り合うダイアフラムの上面間を測定する．内ダイアフラム形式の場合の測定位置は，あらかじめ柱外面にけがいたダイアフラムの位置またはダイアフラム位置から一定の距離にけがいた逃げ墨を基準として測定する．		

　測定は，JIS 1 級鋼製巻尺を使用して各仕口間（$h_1 \sim h_4$）を測定する．柱頭・柱脚（h_1, h_4）は，柱の継手がクリアランスを設けた高力ボルト接合の場合は第 1 ボルト孔心から，クリアランスを設けない溶接接合の場合は材端を測定基準点として仕口元端の上フランジ上面間を測定する．なお，材端から直接測定できない場合は，直角定規などを利用して測定補助線〔図 3.32 参照〕をけがいて測定する必要がある．仕口間（h_2, h_3）は各仕口元端の上フランジ上面間を測定する．

　仕口元端での測定は，柱に対して平行に引張った鋼製巻尺の位置まで仕口フランジ上面にセットした金属製直尺を伸ばした状態で行う〔図 3.33 参照〕．なお，フランジに溶接による折れ，傾斜が

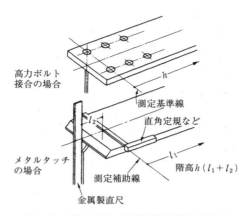

図 3.32 階高測定の柱頭柱脚部測定基準線

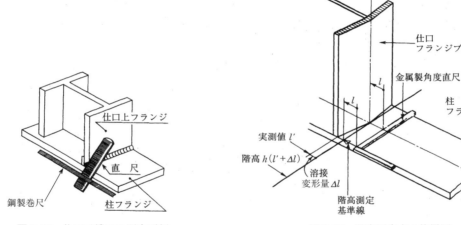

図 3.33 仕口元端での測定要領　　　　図 3.34 階高測定点の位置図

ある場合は，仕口元端の上フランジ上面までの実測値 l' と溶接変形量 Δl を加えた長さが階高 h となる〔図 3.34 参照〕．

測定する面は仕口のあるすべての面について行う〔写真 3.33 参照〕．

なお，各階高の合計値と，3.7.1 による柱の長さの測定値とは，それぞれの測定の方法，条件，誤差などの影響により必ずしも等しい値になるとは限らない．

上記のほかに追加距離で階高測定を行う方法〔図 3.35 参照〕もある．この方法の場合は，階ごとの階高を測定する方法に比べ，全長と階高の合計値に不一致が生じるおそれがなく，また測定作業も材端の基準点を動かさずに順番に各階の高さと全長を測定できるため効率的である．ただし，測定結果については追加距離を各階の階高に換算して合否判定を行う．梁を介さないセンタージョイント柱などでは，治具を用いて仕口先端部で測定する方法もあり，採用にあたっては事前に工事監理者・施工者と協議の上，検査要領書に明記しておく必要がある．

写真 3.33 階高の測定例

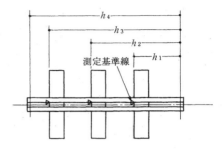

図 3.35 追加距離による階高の測定法

　梁端工事現場溶接工法などの仕口を取り付けない柱の場合は，梁フランジが取り合うダイアフラム上端間を測定する．

　内ダイアフラム形式の場合の測定位置は，あらかじめ柱外面にけがいたダイアフラムの位置またはダイアフラム位置から一定の距離にけがいた逃げ墨を基準として測定する．内ダイアフラムの位置を示すこれらのけがき線は，柱の階高測定時に必要となるだけでなく，工事現場において梁を工事現場溶接した後の仕口のずれの測定にも必要となるので，製品を現場に搬入した後も消えないように処理しておくことが必要である．この方法の場合の梁フランジ上面位置はシャープレートの孔位置によって決まるため，上ダイアフラム上面または内ダイアフラムもしくはスチフナの上面位置マークと，シャープレートの第1ボルト孔心との高さ方向の距離S_1および取り合う梁ウェブの第1ボルト孔心位置S_2を測定し，梁フランジ上面が所定の位置に納まるかどうか確認する必要がある〔図3.36，3.37参照〕．

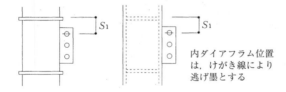

図 3.36　シャープレート孔位置測定の例

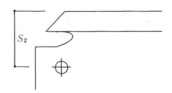

図 3.37　梁ウェブの第1ボルト孔位置

　勾配を有する仕口が取り付く柱の場合，仕口間について上り勾配は仕口下フランジ先端までを測定する．また，下り勾配を有する場合は，仕口上フランジ先端までを計測する（図3.38のh_2）．最上部の仕口については仕口の上フランジ先端から柱頭の材端までを測定する（図3.38のh_3）．

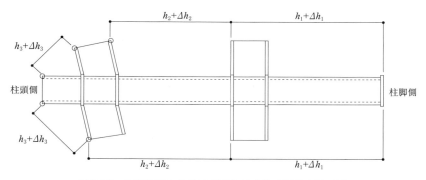

図3.38 勾配を有する仕口が取り付く柱の測定方法の例

3.7.3 梁の長さ

表3.41

図	管理許容差	限界許容差	測定器具
	$-3\,\text{mm} \leqq \Delta L \leqq +3\,\text{mm}$	$-5\,\text{mm} \leqq \Delta L \leqq +5\,\text{mm}$	JIS 1級鋼製巻尺 金属製角度直尺 直 角 定 規 孔心間測定用治具
$\vdash L+\Delta L \dashv$	測 定 方 法 1) 長さが10 m以上のものの測定は巻尺に対して所定の張力をかけて行う．10 m未満の場合には巻尺が緊張する程度の力で行えば手引きでもよい． 2) 測定位置は原則としてフランジまたはウェブ部材両端第1ボルト孔心間とする．		

測定は，梁の両端第1ボルト孔心間で行う〔図3.39参照〕．

測定する面は，原則として上フランジ上面とする〔写真3.34参照〕．ただし，カーテンウォールファスナや付属金物などにより測定に支障がある場合は，測定可能なウェブか下フランジの任意の1面でよい．

測定の基準は孔心であるが，直接孔心を求めることができないので，あらかじめ直角定規あるいは金属製角度直尺を用いて孔心線相互間のずれを確認し，ずれがない場合は孔径の$\frac{1}{2}$をけがき，測定基準線とする．また両端の孔径が同じでかつ孔の形状がほぼ真円であるならば孔へりを代用してもよい〔図3.39参照〕．

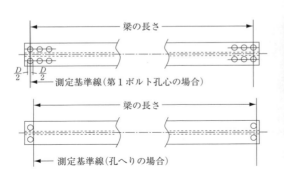

図 3.39 梁の長さの測定基準の例

写真 3.34 梁の長さの測定例

孔心線相互間にずれ（ΔP）が発生している場合は，そのずれの値の$\frac{1}{2}$をけがき，測定基準線とする〔図 3.40 参照〕．

測定精度の向上および測定の迅速化を図った孔心間の測定方法として，孔心間測定用治具を利用する方法がある〔写真 3.35 参照〕．この治具のポイントは，孔心と測定基準線が一致していることにあり，孔心位置のけがき作業の省略が可能である．ただし，孔相互間にずれがある製品の長さを測定する場合には，左右両側での測定値の平均値を梁の長さとする必要がある．

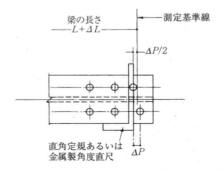

図 3.40 梁の長さ測定基準（孔心線相互間にずれ（ΔP）が発生している場合）の例

写真 3.35 孔心間測定用治具による測定例

フランジを工事現場溶接する場合は，溶接にあたって所定のルート間隔を確保するため，測定基準線（ウェブの第 1 ボルト孔心線）とフランジのベベルのルート面と梁の長さ方向の距離が適正でなければならない．そのため，フランジ外面に金属製角度直尺または測定治具などを当ててベベルのルート面と測定基準線との距離 a を測定し，確認しておくことが望ましい〔図 3.41 参照〕．

水平または鉛直方向に折れ曲がりがある梁は，折れ曲がりの位置と角度を確認する．図 3.42 は水平に折れ曲がりのある梁の測定位置を示している．梁のフランジ両端部の第 1 ボルト孔心間の寸法（図 3.42 の L）とフランジ端部の第 1 ボルト孔心から梁の折れ曲がり位置までの寸法（図 3.42 の L_1，L_2）を測定して，折れ曲がり位置と角度を確認することができる．

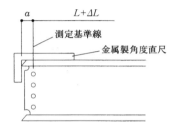

図 3.41 ベベルのルート面と測定基準線の距離の測定方法例

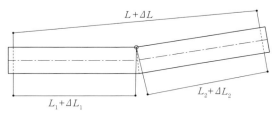

図 3.42 水平に折れ曲がりのある梁の測定方法例

3.7.4 せ　　い

表 3.42

図	管　理　許　容　差	限　界　許　容　差	測　定　器　具
H 形断面	$D < 800$ mm $\quad -2$ mm $\leq \Delta D \leq +2$ mm $D \geq 800$ mm $\quad -3$ mm $\leq \Delta D \leq +3$ mm	$D < 800$ mm $\quad -3$ mm $\leq \Delta D \leq +3$ mm $D \geq 800$ mm $\quad -4$ mm $\leq \Delta D \leq +4$ mm	JIS 1 級鋼製巻尺 コンベックスルール 金 属 製 直 尺
T 字形断面 溶接組立箱形断面　円形断面	測　定　方　法 1) H 形断面では，部材両端のウェブ位置でフランジ背面間を測定する． 2) T 字形断面では，フランジ背面間およびウェブ外面とフランジ背面間の 2 方向を測定する． 3) 溶接組立箱形断面では，相対する面のそれぞれの△印位置間を測定する． 4) 円形断面では，直交軸のそれぞれの△印位置間を測定する．		
冷間成形角形鋼管	管　理　許　容　差	限　界　許　容　差	測　定　器　具
	-3 mm $\leq \Delta D \leq +3$ mm かつ $-\dfrac{D}{100} \leq \Delta D \leq +\dfrac{D}{100}$ mm	-4 mm $\leq \Delta D \leq +4$ mm	コンベックスルール 金 属 製 直 尺 ノ　ギ　ス
	測　定　方　法 冷間成形角形鋼管の相対する面のそれぞれの R 止まりの位置（△印）間を測定する．		

許容差を決定するにあたっては，H形断面材のせいのバラツキの主原因と考えられるウェブ幅（せい方向の寸法）の長さによる切断精度の差異，せいのバラツキが工事現場での高力ボルト接合部の肌すき，工事現場溶接継手のフランジの食違いに及ぼす影響を考慮した．円形断面はJIS規格で許容差が定められているが，実態調査結果および現場接合の食違いに及ぼす影響を考慮してこの許容差とした．

　冷間成形角形鋼管のせいは，鉄連製品規定では，辺の長さとして素管に対する許容差を定めている．本指針ではこれまでこれらの大臣認定品について，本指針の適用外として鉄連製品規定等の寸法許容差を適用することとしていたが，実態は本指針の溶接組立箱形断面のせいの許容差が適用されていた．今回，鉄連ボックスコラム委員会との協議の中で，製造会社の切断または製造会社の指定する切断工場により切断したものは，切断後も辺の長さは素管と同様に鉄連製品規定の寸法許容差を確保できることが確認されたことや，せい $D<800$ mm では本指針の溶接組立箱形断面のせいの寸法許容差が鉄連製品規定の辺の長さの寸法許容差より厳しいことを考慮して，新たに冷間成形角形鋼管のせいの項を設けた．冷間成形角形鋼管のせいの許容差は，鉄連製品規定の辺の長さの寸法許容差を管理許容差として設定し，溶接組立箱形断面と同様の考えで限界許容差を設定した．測定位置および測定方法は，鉄連ボックスコラム委員会から提示された考え方を参考にした．

　本指針の溶接組立箱形断面と鉄連製品規定に定めるせい（辺の長さ）の寸法許容差を比較したものを，図3.43に示す．せい $D≧800$ mm では本指針の溶接組立箱形断面の管理許容差が鉄連製品規定の寸法許容差と同じとなっており，せい $D≦200$ mm では，鉄連製品規定の寸法許容差が本指針の寸法許容差より厳しくなっている．

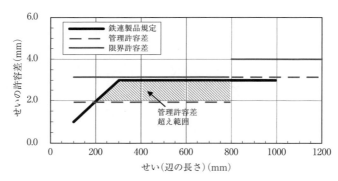

図3.43　溶接組立箱形断面と冷間成形角形鋼管のせいの許容差

　測定方法は，JIS1級鋼製巻尺またはコンベックスルールなどを用いて，H形断面では部材両端のウェブ位置でフランジ背面間を測定する．十字形断面ではウェブに沿って互いに直交する方向をフランジ背面間で，T字形断面ではフランジ背面間およびウェブ外面とフランジ背面間の2方向を測定する．溶接組立箱形断面では相対する面，円形断面では直交軸のそれぞれ△印位置間を測定する〔図3.44参照〕．測定は角溶接ビードまたはシーム溶接を避けた位置とする．

柱せいを測定する場合は，柱頭は直接コンベックスルールで測定できるが，柱脚のように開先のある場合は，金属製直尺，コンベックスルール等を使って測定する必要がある．〔図3.45参照〕

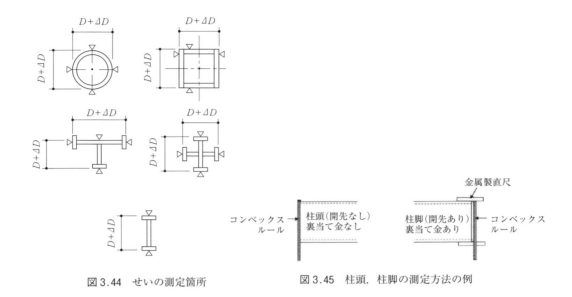

図3.44　せいの測定箇所　　　　　　　図3.45　柱頭，柱脚の測定方法の例

H形断面材で垂直ハンチがある場合の測定例を図3.46に示す．それらの測定値を記録しない場合であっても，それぞれの値がせいの許容差を超えていないことを確認しておく必要がある．

鉄連製品規定では，冷間成形角形鋼管のせいの測定位置は素管の管端より50mmを除く任意の点としている．冷間成形角形鋼管の製造会社は，製造会社または製造会社が指定する切断工場で切断した場合，切断後の製品についてもこの鉄連製品規定の寸法許容差を確保できるものとしている．ただし，鉄連製品規定で辺の長さと平板部分の凹凸は別々のものとしていることから，本指針でもせいの許容差には平板部分の凹凸を含まないものとして寸法許容差を設定している．

工事現場溶接部において，柱頭と柱脚で異なるメーカーの角形鋼管や異なるロットの角形鋼管を用いる場合に，寸法形状の違いにより食違いが生じることがある．このようなことを避けるために，工事現場溶接部には，同じ1本の材から切断し柱頭と柱脚の部材とする（共材を用いる）ことによ

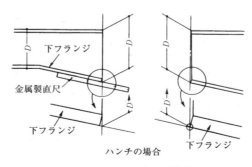

図3.46　ハンチ部の測定例

り工事現場溶接部の精度が確保しやすくなる．

　冷間成形角形鋼管の素管切断後のせいの測定位置は，鉄連ボックスコラム委員会から提示された測定方法に準じて，図 3.47 のように両端の相対する面の R 止まりの位置（△位置）間をノギスで測定する．金属製直尺を用いて測定した場合は，鉄連ボックスコラム委員会から提示された測定方法と異なるので測定差が生じることに注意が必要である．開先がある場合は，この位置に金属製直尺を当てて測定する．面の中央部で測定すると平板部分の凹凸を含めた測定になるので，せいを正しく測定できないことに注意する必要がある．

　各辺の平板部分の凹凸については図 3.48 の位置を測定する．測定方法は金属製直尺とテーパーゲージ（必要に応じ写真 3.36 のようにブロックゲージを R 止まり付近に置いて金属製直尺とテーパーゲージ）で測定する．鉄連製品規定では，平板部分の凹凸の許容差 $e \leqq \dfrac{5D}{1\,000}$ かつ 3 mm 以下としている．

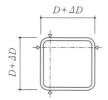

図 3.47　冷間成形角形鋼管の測定例

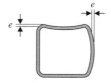

図 3.48　平板部分の凹凸測定例

写真 3.36　平板部分の凹凸の測定例

3.7.5 仕口部のせい

表 3.43

図	管理許容差	限界許容差	測定器具
内ダイアフラム形式 $D+\Delta D$ 通しダイアフラム形式 $D+\Delta D$ 内ダイアフラム形式 $D+\Delta D$ 通しダイアフラム形式 $D+\Delta D$	$D < 800$ mm $\quad -2$ mm $\leq \Delta D \leq +2$ mm $D \geq 800$ mm $\quad -3$ mm $\leq \Delta D \leq +3$ mm	$D < 800$ mm $\quad -3$ mm $\leq \Delta D \leq +3$ mm $D \geq 800$ mm $\quad -4$ mm $\leq \Delta D \leq +4$ mm	コンベックスルール 金属製直尺 孔心間測定用治具
	測定方法 1) 梁仕口が柱に取り付く場合は，梁仕口先端の上下フランジ間を測定する． 2) 梁仕口が取り付かない場合は，梁フランジが取り付く上ダイアフラムの上面から下ダイアフラムの下面までを測定する．		

梁仕口が柱に取り付く場合は写真 3.37 に示すように，梁仕口先端の上下フランジ間の寸法を仕口部のせいとして測定する．

梁仕口が柱に取り付かない場合は，柱ダイアフラムの形式によらず，梁フランジが取り付く上下ダイアフラムの外側間寸法を仕口部のせいとして測定する．内ダイアフラムの場合は写真 3.38 のようにダイアフラムの位置を示す逃げ墨等から実際のダイアフラム位置を仕口部のせいとして測定する．

この際，上ダイアフラムの上面からシャープレートの第 1 ボルト孔心までの下がり寸法（図 3.49 の S_1）を測定し，同時にこの部分に現場接合される梁ウェブ第 1 ボルト孔心とフランジ上端間の寸法（図 3.49 の S_2）を測定してこれらの相対関係を把握しておくと，工事現場溶接時におけるダイアフラムと梁フランジの溶接部における仕口部のずれ（食違い）を机上で事前に確認でき，実際の工事現場施工時の建方精度の管理に有効である．

写真 3.37 梁仕口が柱に取り付く場合の仕口部のせいの測定例

写真 3.38 内ダイアフラムの場合の仕口部のせいの測定例

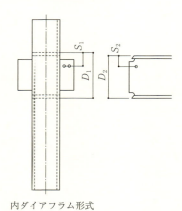

図 3.49 ボルト孔の下がり寸法測定の例

写真 3.39 ボルト孔の下がり寸法の測定例

3.7.6 仕口部の長さ

表 3.44

図	管理許容差	限界許容差	測定器具
	$-3\,\mathrm{mm} \leq \Delta L \leq +3\,\mathrm{mm}$	$-5\,\mathrm{mm} \leq \Delta L \leq +5\,\mathrm{mm}$	コンベックスルール 金属製直尺 測定治具 孔心間測定用治具 金属製角度直尺
	測定方法			

測定方法
1) 柱面から,梁仕口のフランジ第1ボルト孔心までを測定し,柱せいの設計値の半分の値を足す.
2) 柱面から梁仕口のウェブ第1ボルト孔心までを測定し,柱せいの設計値の半分の値を足す.
3) T字形断面では,柱面から梁仕口のフランジ第1ボルト孔心までを測定し,柱面からウェブ心までの設計値を足す.

ブラケットタイプの柱の場合，設計寸法に対して仕口部の長さの誤差が大きいと，工事現場施工の際，支障をきたす．ここでいう仕口部の長さとして必要な寸法は，柱心から梁仕口第1ボルト孔心である．柱せいの誤差，柱の曲がり，高力ボルト孔の心ずれを包含した仕口部の長さの寸法が，工事現場施工の支障の有無を判断する上で必要である．

　仕口部の長さは，検査台を利用し図3.50のように仮想心と梁仕口第1ボルト孔心を測るのが望ましい．ただし，この場合は検査台に載せて測定しなければならず，全数の実施は現実的でないので，その部位の柱心で代用してもよいとしている．したがって，柱フランジ面から梁仕口フランジ第1ボルト孔心までを測定し，これに柱せいの設計値の$\frac{1}{2}$の値を加えて柱心からの仕口部の長さとしていることが多い．柱せいは実部材の実計測値を使用することもあるが，測定が困難な場合が多い．

　測定方法は，梁仕口フランジ第1ボルト孔（仕口先端に一番近い孔）の中心を仕口フランジの縁にけがいておき，金属製直尺あるいはコンベックスルールの0点を柱面に当て，仕口中央線に平行にして，柱フランジ面から梁仕口フランジ第1ボルト孔の中心線までの寸法を測定する．この寸法に柱せいの設計値の$\frac{1}{2}$の値を加え，仕口部の長さとする〔図3.51参照〕．

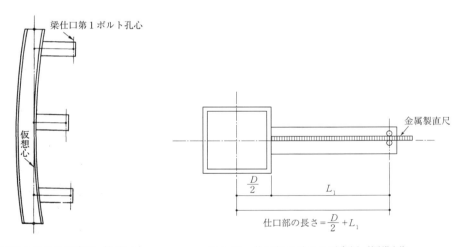

図3.50　仕口部の長さの測定例（仮想心）　　　図3.51　仕口部の長さの測定例（標準例）

　なお，柱面に組立て作業時にけがいた柱心線があるときは，その線を使って梁仕口フランジ第1ボルト孔心までの寸法を測定してよい．ただし，この場合には測定治具などにより，その柱心線と梁仕口フランジ第1ボルト孔心までを直接測定するのを原則とする〔図3.52参照〕．

　梁フランジを工事現場溶接するタイプの柱の場合は，工事現場溶接にあたって所定のルート間隔を確保するために，柱面とシヤープレートのボルト孔の距離が適切でなければならない．

　その確認方法は，金属製直尺またはコンベックスルールの0点を柱面に当て，柱面からシヤープレートの孔の中心線までの距離を測定する．この数値に柱せいの設計値の$\frac{1}{2}$の値を加え，仕口部の長さとする〔図3.53参照〕．

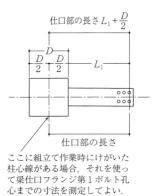

図 3.52 仕口部の長さの測定例

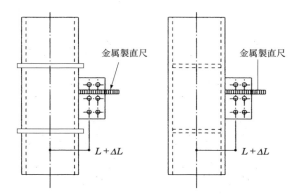

図 3.53 仕口部の長さの測定例（シヤープレートの場合）

3.7.7 仕口部の角度

表 3.45

図	管理許容差	限界許容差	測定器具
（立面・平面）	$e_1 \leq \dfrac{L}{300}$ かつ $e_1 \leq 3\,\text{mm}$ $e_2 \leq \dfrac{L}{300}$ かつ $e_2 \leq 3\,\text{mm}$	$e_1 \leq \dfrac{L}{200}$ かつ $e_1 \leq 5\,\text{mm}$ $e_2 \leq \dfrac{L}{200}$ かつ $e_2 \leq 5\,\text{mm}$	直角定規 金属製直尺 水糸 金属製角度直尺 コンベックスルール

測定方法
仕口元端の溶接ビードを寸法 b だけ避けた位置で，柱フランジ面に直角定規を当てて固定し，図の a を金属製直尺・コンベックスルールなどで測定する．
$e_1 = |a-b|$

測定方法は，下記の（1），（2）による．

（1） 立面の場合

柱のフランジ中心線上に金属製角度直尺などを当て，仕口元端の溶接ビードを避けて固定し，仕口の先端および元端において仕口フランジと金属製角度直尺などとの間に生じたすき間を金属製直尺，コンベックスルールなどで測定する〔図 3.54 参照〕．なお，曲がりが大きい柱の仕口部の角度の測定においては，柱の曲がり量により角度の測定値を補正する必要がある．

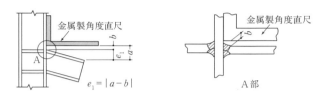

図 3.54　仕口部の角度の測定例（立面）

（2） 平面の場合

仕口部の角度は，柱のフランジ面を基準にして仕口の先端がどの程度までふれていてもよいかを規定しているので，平面の場合も立面の場合と同様，柱のフランジ面に直角定規を当て，仕口の先端のふれを測定してもよい．ただし，フランジは傾斜や折れがあることが多いので，測定にあたっては注意を要する．

そこで，仕口部の角度の平面方向の測定は，柱の上・下端のウェブの中心線どうしを治具を使って水糸などで結び，仕口の先端において仕口のウェブ中心がどれくらいふれているかを金属製直尺などで測定する方法をとるのがよい．この方法では，垂直方向の仕口の先端のふれを測定するときは問題ないが，水平方向の仕口の先端のふれを測定する場合には，水糸などに張力をかけても多少たわみ誤差が生じるので，読み値をそのたわみ分だけ補正して測定値とする必要がある〔図 3.55 参照〕．また，水糸を張る代わりに，レーザレベルやレーザ墨出し器などで測定することも可能である．

一般的には，仕口部の角度の平面方向の測定については，仕口フランジ面先端のウェブ中心を基準にして，コンベックスルールまたは鋼製巻尺を当て，対角寸法（図 3.56 の L_1，L_2，L_3，L_4）を測定し仕口先端がどの程度ふれているか確認することが多いが，その際，一方向については仕口部の角度を，柱上・下端のウェブ心に水糸を張ってずれを測定する，または，図 3.57 のように金属製直尺や直角定規などを柱面に当てて，そのずれ（e_2 寸法）を金属製直尺などで測定して直角を確認する．

梁フランジを工事現場溶接するタイプの柱の場合は，シャープレート（ウェブを工事現場溶接する場合の裏当て金兼用のプレートも含む）の心ずれや倒れ（図 3.58）についても柱のフランジ面に直角定規を当てるなどの方法で精度を管理し，建方精度が向上するようにする．

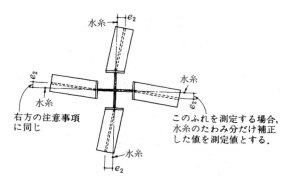

図3.55 仕口部の角度の測定例（平面）

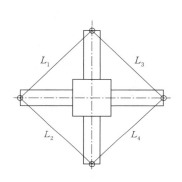

図3.56 対角寸法を測定例

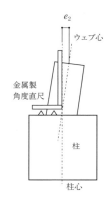

図3.57 直角定規での測定例

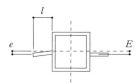

	管理許容差	限界許容差
心ずれ	$E \leq 2mm$	$E \leq 3mm$
倒れ	$e \leq \dfrac{l}{150}$ かつ1.5mm	$e \leq \dfrac{l}{100}$ かつ2mm

図3.58 シャープレートの心ずれと倒れの許容差の例

3.7.8 梁に取り付くブラケットの位置，長さおよびせい

表3.46

図	管理許容差	限界許容差	測定器具
（図）	$-3\,\text{mm} \leqq \Delta L \leqq +3\,\text{mm}$ $-3\,\text{mm} \leqq \Delta b \leqq +3\,\text{mm}$ $d < 800\,\text{mm}$ 　　$-2\,\text{mm} \leqq \Delta d \leqq +2\,\text{mm}$ $d \geqq 800\,\text{mm}$ 　　$-3\,\text{mm} \leqq \Delta d \leqq +3\,\text{mm}$	$-5\,\text{mm} \leqq \Delta L \leqq +5\,\text{mm}$ $-5\,\text{mm} \leqq \Delta b \leqq +5\,\text{mm}$ $d < 800\,\text{mm}$ 　　$-3\,\text{mm} \leqq \Delta d \leqq +3\,\text{mm}$ $d \geqq 800\,\text{mm}$ 　　$-4\,\text{mm} \leqq \Delta d \leqq +4\,\text{mm}$	JIS 1級鋼製巻尺 コンベックスルール 金属製直尺 治　　　具 孔心間測定用治具
測　定　方　法			
1) ブラケットの位置は，梁端部の第1ボルト孔心からブラケット取付け位置までを測定する． 2) ブラケットの長さは，梁心からブラケットの第1ボルト孔心までを測定する． 3) ブラケットのせいは，ブラケット端部のせいを測定する．			

梁に取り付くブラケットとは，梁部材に剛接で（多くの場合，直交して）梁や間柱が取り付くブラケット部材のことである．これらの部材は柱に取り付く梁ブラケットと同様に取り付く部材位置，部材長さおよび部材せいを確認するために測定する必要がある．測定位置および測定方法は表3.46のように梁ブラケット付き柱の寸法測定に準じて，梁の端部の第1ボルト孔心から取り付く直交梁または間柱の取付け位置（一般的には根元の位置）寸法（表3.46の L_1, L_2）と梁心からの出寸法（表3.46の b_1, b_2）および取り付く梁または柱のせいを測定する．

また，梁に取り付くブラケット角度は，直角定規で確認する方法もあるが，図3.59のように梁の端部の第1ボルト孔心からブラケットの第1ボルト孔心までの寸法（図3.59の X_1, X_2, X_3, X_4）を測定し，設計寸法との差を確認する方法もある．これは，ブラケット位置・長さ・角度の精度を総合的に管理するためのものであり，許容差は $-3\,\text{mm} \leqq \Delta X \leqq +3\,\text{mm}$ として確認していることが多い．ブラケットが複数ある場合は，それぞれ同様に梁端部とブラケットの第1ボルト孔心間を測定して確認するとよい．

写真3.40　ブラケットの角度測定例

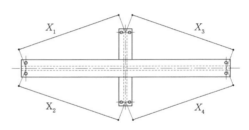

図3.59　梁に取り付くブラケットの角度測定方法の例

3.7.9 ブレースガセットの長さおよびせい

表 3.47

区	管理許容差	限界許容差	測定器具
H形断面の場合／十字形断面の場合	$-3\,\mathrm{mm} \leq \Delta V_1 \leq +3\,\mathrm{mm}$ かつ $-3\,\mathrm{mm} \leq \Delta V_2 \leq +3\,\mathrm{mm}$ かつ $|\Delta V_1|+|\Delta V_2| \leq 4\,\mathrm{mm}$ $d < 800\,\mathrm{mm}$ 　　$-2\,\mathrm{mm} \leq \Delta d \leq +2\,\mathrm{mm}$ $d \geq 800\,\mathrm{mm}$ 　　$-3\,\mathrm{mm} \leq \Delta d \leq +3\,\mathrm{mm}$	$-5\,\mathrm{mm} \leq \Delta V_1 \leq +5\,\mathrm{mm}$ かつ $-5\,\mathrm{mm} \leq \Delta V_2 \leq +5\,\mathrm{mm}$ かつ $|\Delta V_1|+|\Delta V_2| \leq 6\,\mathrm{mm}$ $d < 800\,\mathrm{mm}$ 　　$-3\,\mathrm{mm} \leq \Delta d \leq +3\,\mathrm{mm}$ $d \geq 800\,\mathrm{mm}$ 　　$-4\,\mathrm{mm} \leq \Delta d \leq +4\,\mathrm{mm}$	コンベックスルール 金属製直尺 金属製角度直尺 孔心間測定用治具
	測定方法 フランジ表面に金属製角度直尺を当てブレースガセット元端の溶接ビードを避けて固定し，柱面または梁フランジ面からブレースガセットの第1ボルト孔心またはガセットの基準位置までを測定する．		

剛接ブレースや制振ブレース等の斜材が柱と梁の交点に取り付く場合，ブレースガセットはプレートを溶接して製作されることが多く，一般に精度確保が難しい．このため，取付け位置，部材寸法，ボルト孔位置，心ずれや倒れの精度が要求される．

取付け位置については，柱面または梁フランジ面から部材の基準心までの位置〔表 3.47 の V_1, V_2〕またはブレースガセットの第1ボルト孔心（表 3.47 の V_3，V_4）を測定する〔写真 3.41 参照〕．部材寸法については，十字形断面またはH形断面などのブレース形状に合わせて部材中央や端部の寸法を測定する．また，度型板を用いて角度を確認することが望ましい〔写真 3.42，写真 3.43 参照〕．

取り付くブレース材の長さは，一般的には梁の長さの許容差を適用している〔表 3.41 参照〕ことが多く，ブレースガセットの長さの許容差は仕口部の長さの許容差と同様とした．しかし，実際に測定が可能な寸法は $V+\Delta V$ であるので，長さの管理許容差を満足させるためには $-2\,\mathrm{mm} \leq \Delta V \leq +2\,\mathrm{mm}$ となり，製作的には厳しい許容差となってしまう．管理許容差を $-3\,\mathrm{mm} \leq \Delta V \leq +3\,\mathrm{mm}$ とすると，$\Delta V_1 = 3\,\mathrm{mm}$ で $\Delta V_2 = -3\,\mathrm{mm}$ となる場合などはブレースの軸線からのずれが大きくなる可能性があるため，ブレースガセットの長さの誤差（図 3.60 の ΔL）とブレース軸心のずれ（図 3.60 の e_1）を $\pm 3\,\mathrm{mm}$ 以下とすることができるように ΔV_1 と ΔV_2 の絶対値の合計が 4 mm 以下という制限を設けている．〔図 3.60 参照〕．

同様に，梁に取り付くブレースガセット（図 3.61）の寸法測定は柱と梁の交点に取り付くガセ

ットと同様の精度管理が必要である．部材寸法については，H形断面図などのブレース形状に合わせて部材中央や端部の寸法を測定する．また，ガセットの倒れ（図3.61のe）についても確認する．

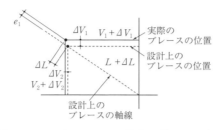

図3.60　ΔVとブレースの軸心のずれの関係図

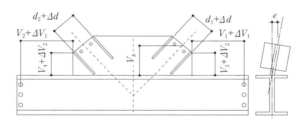

図3.61　梁に取り付くブレースガセットの測定方法の例

写真3.41　ブレースガセットの長さの測定例

写真3.42　ブレースガセットの角度の確認例

写真3.43　ブレースガセットの直角度の確認例

写真3.44　倒れ（直角度）の測定例

十字形のブレースガセット（図3.62）については取付け位置，部材寸法，孔あけ位置に加えて，ガセットの心ずれ，倒れ，ねじれの精度も重要である．溶接された部材の心ずれはガセット端部の中央部を基準として測定する．倒れ（直角度）は部材表面に直角定規を当て，ガセット元端の溶接ビードを避けて固定し，直角定規とのテーパーゲージで測定する〔写真3.44参照〕．また，ねじれについてはガセット端部の上部に下げ振りを取り付け，コンベックスルールでねじれ量を測定する．

制振ブレース（図3.63）はメーカー製作によるものが多く，製品の寸法許容差は部材の性能面から各メーカーが独自に定めている．この場合の継手部を含む寸法許容差は，メーカーが設定する寸法許容差によるため，鉄骨側に厳しい組立て・建方精度を要求することが多い．ここでは，制振ブレースメーカーの仕様に対して，既往の計測項目および寸法許容差と整合させて設定した鉄骨側の取合いガセットの管理許容差例を表3.48に示す．

工事現場では，継手部に寸法差が生じることがあり，その対応方法を検討した上で，許容差について当事者間で十分な協議が必要である．

図3.64のようなブレースブラケットの場合も同様に扱う．

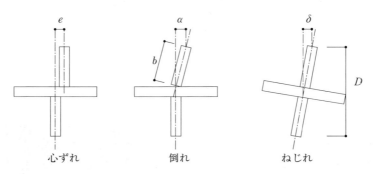

図3.62 ブレースガセットの心ずれ，倒れ，ねじれ

図3.63 制振ブレースの例

表3.48 制振ブレース継手部の寸法許容差の例

計測項目	制振ブレースのメーカー仕様	継手部の管理許容差の例
全長（孔心間）	$-3\,\mathrm{mm} \leq \Delta L \leq +3\,\mathrm{mm}$	$-3\,\mathrm{mm} \leq \Delta L \leq +3\,\mathrm{mm}$
ボルトのゲージ	$\pm 2\,\mathrm{mm}$	$\pm 2\,\mathrm{mm}$
心材の心ずれ	$e \leq 2\,\mathrm{mm}$	$e \leq 2\,\mathrm{mm}$
ねじれ	$\delta \leq \dfrac{6D}{1\,000}\,\mathrm{mm}$	$\delta \leq \dfrac{3D}{1\,000}$ かつ $\delta \leq 2.5\,\mathrm{mm}$
倒れ	—	$\alpha \leq 1\,\mathrm{mm}$
直角度	$\alpha \leq 1.5\,\mathrm{mm}$	$\alpha \leq \dfrac{b}{100}$ かつ $\alpha \leq 1\,\mathrm{mm}$

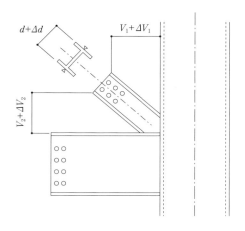

図 3.64 ブレースブラケットの例

3.7.10 溶接組立箱形断面の直角度

表 3.49

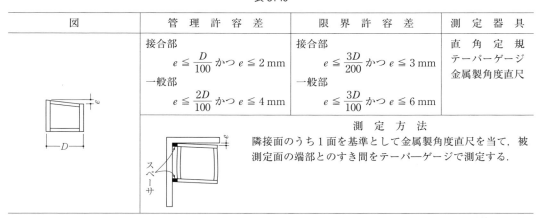

図	管 理 許 容 差	限 界 許 容 差	測定器具
	接合部 $e \leq \dfrac{D}{100}$ かつ $e \leq 2\,\mathrm{mm}$ 一般部 $e \leq \dfrac{2D}{100}$ かつ $e \leq 4\,\mathrm{mm}$	接合部 $e \leq \dfrac{3D}{200}$ かつ $e \leq 3\,\mathrm{mm}$ 一般部 $e \leq \dfrac{3D}{100}$ かつ $e \leq 6\,\mathrm{mm}$	直角定規 テーパーゲージ 金属製角度直尺

測 定 方 法
隣接面のうち1面を基準として金属製角度直尺を当て，被測定面の端部とのすき間をテーパーゲージで測定する．

　溶接組立箱形断面の直角度が保たれないことの影響として，溶接継手部で食違いが生じることから継手部の強度低下，溶接欠陥の発生を招くなどの問題が生じる．また，一般部では仕口フランジ溶接部のルート間隔の不ぞろい，仕口部の角度（平面）不良の原因となる．本許容差は，接合部の許容差が特に重要であることから，その値を一般部のそれの $\dfrac{1}{2}$ としている．

　測定は，隣接面のうち1面を基準面として金属製角度直尺などを当て，被測定面の端部と直角定規との間に生じたすき間をテーパーゲージで測定する〔図3.65（a）参照〕．基準面が凸面になっていて直角定規が安定しない場合は，上・下端部に同じ厚さのスペーサ（マグネットなど）をセットし，そこに直角定規を当てる〔図3.65（b）参照〕．

　なお，直角定規を当てて目視により直角度を確認することを原則とし，管理許容差を超えていると判断した箇所についてのみテーパーゲージを用いて測定する．

上記のほかに，2つの対角線寸法を測定して照合する方法もある．しかし，2つの対角線寸法が等しく，かつ本指針3.7.4「せい」による測定値がその許容差を満足している場合であっても，必ずしも本項における許容差を満足するとは限らないので注意が必要である．

　冷間成形角形鋼管の隣り合った平板部分のなす角度は，鉄連製品規定では，±1°以下と定めており，溶接組立箱形断面の直角度とは異なっている．

　鉄連ボックスコラム委員会の調査データによれば，冷間成形角形鋼管の製造会社または製造会社が指定する切断工場による切断の場合は，切断後においても鉄連製品規定の許容差を超えるものはなく，製作工場における製作上支障となる状況は報告されていない．したがって，冷間成形角形鋼管にはこの溶接組立箱形断面の直角度の規定は適用しない．

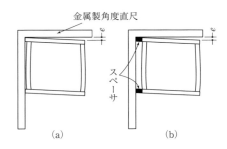

図3.65　溶接組立箱形断面の直角度の測定例

3.7.11 幅

表3.50

図	管理許容差	限界許容差	測定器具
(B+ΔB図)	$-2\,\text{mm} \leqq \Delta B \leqq +2\,\text{mm}$	$-3\,\text{mm} \leqq \Delta B \leqq +3\,\text{mm}$	コンベックスルール 金属製角度直尺 金属製直尺
	測 定 方 法 両端部および断面変化部を測定する.		

測定方法は，コンベックスルールなどを用いて部材両端部を測定する．部材幅が変化するものは，変化点も測定し，工作図と照合し，間違いのないことを確認しておく必要がある〔図3.66参照〕．

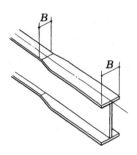

図3.66 幅の測定位置

3.7.12 H形断面の直角度

表3.51

図	管理許容差	限界許容差	測定器具
(図)	接合部 $e \leqq \dfrac{b}{100}$ かつ $e \leqq 1\,\text{mm}$ 一般部 $e \leqq \dfrac{2b}{100}$ かつ $e \leqq 2\,\text{mm}$	接合部 $e \leqq \dfrac{3b}{200}$ かつ $e \leqq 1.5\,\text{mm}$ 一般部 $e \leqq \dfrac{3b}{100}$ かつ $e \leqq 3\,\text{mm}$	直角定規 テーパーゲージ 金属製角度直尺 測定治具
	測 定 方 法 ウェブを基準にして治具を当て，フランジとのすき間をテーパーゲージで測定する．		

断面の直角度が悪いと，フランジの高力ボルト接合部の肌すき，工事現場溶接部の食違いに影響する．

H形断面での高力ボルトの締付け順序として通常実施されているウェブ面を先行する方法では，フランジとウェブの角度が比較的保持された状態でウェブの曲がりが補正される傾向があるため，

フランジとウェブの交点での角度が重要となる．本許容差は，接合部の精度が特に重要であることから，許容差を一般部の $\frac{1}{2}$ の値とした．

測定は，ウェブ面に直角に測定治具を当て〔図3.67参照〕，フランジ両端とウェブ位置の3点，もしくは1点が接触する場合は，ほかの2点の位置でフランジと測定治具との間のすき間をテーパーゲージを用いて測定して，計算により求める〔図3.68参照〕．なお，使用する測定治具のウェブ面への接触側には，フランジとウェブの交点近傍とその位置より約150 mm離れた位置に，ウェブの曲がりの影響を避けるための突起を設けることが望ましい〔図3.67参照〕．突起がない直角定規を使用する場合には定規の当て方をウェブ曲がりの凹面側に限定しないと正確な測定値が得られないことになる．

図3.67　H形断面の直角度の測定例

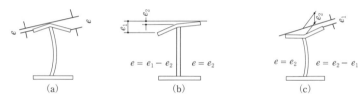

図3.68　フランジの折れ（H形断面）

上記の測定方法以外にフランジとウェブの内面側から直角定規を当て，フランジ内面でのすき間の測定値から求める方法がある〔写真3.45参照〕．この方法は部材寸法の大きな製品，また測定が困難な環境下での測定に有効である．ただし，この方法を採用した場合は，ウェブ位置での測定が不可能なことによる補正が必要となる〔図3.69参照〕．例えば，フランジ幅の $\frac{1}{2}$ が150 mmの製品を，ウェブ厚中心より30 mm離れた点と端部の2点でフランジと直角定規との間のすき間を測定した場合，フランジの直角度は2点の測定値の差に $\frac{150}{150-30}=1.25$ を乗じた値となる．

なお，H形断面の直角度は直角定規を用いて目視によって確認することを原則とし，テーパーゲージを用いての測定は管理許容差を超えていると判断した箇所についてのみ適用する．

柱梁の工事現場溶接接合部において，梁端に水平ハンチを設けた梁の場合は，食違い，直角度，折れを測定する必要がある．端部を拡幅する大梁の製作方法は，拡幅フランジ形状に切断した鋼板を溶接してH形断面梁を製作する方法とH形断面梁端部に鋼板を溶接する方法とがある．

拡幅フランジ形状に切断した鋼板を溶接してH形断面梁を製作する場合は，従来どおり本指針3.7.12「H形断面の直角度」に準じて測定し，接合部の許容差を適用する．

H形断面梁端部に鋼板を溶接する場合は，従来どおりH形断面が本指針3.7.12「H形断面の直

写真 3.45 H形断面の直角度の測定例

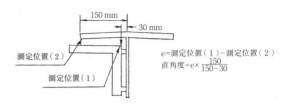
図 3.69 ウェブの内側から測定する場合の例

角度」のうち，接合部の許容差を満足していることに加えて，梁に溶接される拡幅部の食違い（表 3.52 の e_1）と拡幅部最外端における「H形断面の直角度」（表 3.52 の e_2）および拡幅部の折れ（表 3.52 の e_3）を管理する．表 3.52 に測定方法と許容差の例を示す．

表 3.52 拡幅梁の許容差の例

図	管 理 許 容 差	限 界 許 容 差	測定器具
	$e_1 \leqq 1\,\text{mm}$ $e_2 \leqq \dfrac{B}{100}$ かつ $e_2 \leqq 1.5\,\text{mm}$ $e_3 \leqq 2\,\text{mm}$	$e_1 \leqq 2\,\text{mm}$ $e_2 \leqq \dfrac{1.5B}{100}$ かつ $e_2 \leqq 2.5\,\text{mm}$ $e_3 \leqq 3\,\text{mm}$	コンベックスルール 金属製直尺 測定治具 テーパーゲージ
	測 定 方 法		
	1） 食違い e_1 はフランジを基準として，溶接された部材の食違いを測定する． 2） 断面の直角度 e_2 はウェブを基準にして治具を当て，フランジとのすき間をテーパーゲージで測定する． 3） 折れ e_3 はフランジを基準として，溶接された部材の折れを測定する．		

写真 3.46 拡幅フランジ形状で製作した溶接組立H形断面の例

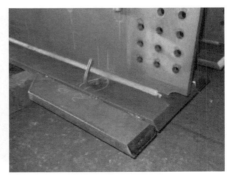
写真 3.47 端部に鋼板を溶接した例

3.7.13 ウェブの心ずれ

表 3.53

図	管理許容差	限界許容差	測定器具
![図]	$e \leqq 2\,\mathrm{mm}$	$e \leqq 3\,\mathrm{mm}$	コンベックスルール ノ　ギ　ス 金属製直尺
	測　定　方　法　　　　　　　　　　　　　　　　　ウェブ厚中心線・フランジ幅中心線をけがき，ノギスあるいはコンベックスルールで測定する．		

　ウェブの心ずれは，接合部の心ずれとして問題となる．H形断面などの部材を接合する場合，それが高力ボルト接合・溶接接合のいずれであっても，ウェブを基準にして接合するのが原則である．したがって，フランジ幅中心とウェブ厚中心がずれていると，必然的にフランジがずれることになり，高力ボルト接合の場合は孔心がずれたり，へりあきが保てなかったり，また溶接継手の場合は，フランジ幅方向の食違いが発生する．いずれの場合も接合部の強度に影響を及ぼすものとなる．

　測定方法は，一般的に次の（1），（2）による．
（1） 部材端部において，フランジ幅中心線，ウェブ厚中心線をコンベックスルール・金属製直尺などを用いてけがき，その心ずれ量をコンベックスルール，ノギスなどで測定する〔図3.70（a）参照〕．
（2） 金属製直尺などをウェブ面に当て，ウェブ面からフランジ縁端までの寸法を測定する．この場合，ウェブの心ずれ量は $\dfrac{(B_1-B_2)}{2}$ となる〔図3.70（b）参照〕．なお，この場合には，部材端から同寸法の位置で測定しないと正確な心ずれ量を求められない〔図3.71参照〕．また，金属製直尺をフランジ幅中心線に直角に当てないと，正しい測定値が得られない．

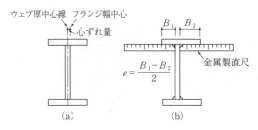

図3.70　ウェブの心ずれの測定例　　　　　図3.71　ウェブの心ずれの測定位置

3.7.14 ウェブの曲がり

表 3.54

図	管理許容差	限界許容差	測定器具
(図：フランジ・スチフナ, D, e_1, t, e_2, l)	$e_1 \leqq \dfrac{D}{150}$ かつ $e_1 \leqq 4\,\text{mm}$ $e_2 \leqq \dfrac{l}{150}$ かつ $e_2 \leqq 4\,\text{mm}$ ただし，$t \leqq 6\,\text{mm}$ には適用しない．	$e_1 \leqq \dfrac{D}{100}$ かつ $e_1 \leqq 6\,\text{mm}$ $e_2 \leqq \dfrac{l}{100}$ かつ $e_2 \leqq 6\,\text{mm}$ ただし，$t \leqq 6\,\text{mm}$ には適用しない．	テーパーゲージ 金属製直尺
	測定方法		
	金属製直尺	ウェブ面に金属製直尺を当て，ウェブとの間のすき間をテーパーゲージで測定する．	

　ウェブの曲がりは高力ボルト接合部の肌すきへの影響，座屈など部材強度への影響を考慮して定めた検査項目であるが，6 mm 以下のウェブについては曲がりの加熱矯正が困難であること，高力ボルト接合により曲がりがある程度補正されることなどから適用外とした．

　ウェブの曲がりを測定するための基準となる最大長さは 1 m とする〔図 3.72〕．

　せい方向の曲がりは，溶接ビードを避け，できるだけウェブのせいに近い長さの金属製直尺をウェブ面の凹面側から当て，ウェブ面と金属製直尺との間に生じた最大すき間をテーパーゲージを用いて測定する〔図 3.72 (a) 参照〕．長手方向の曲がりは，長さ 1 m の金属製直尺をウェブ面の長手方向に当て，金属製直尺とのすき間を測定することにより求める〔図 3.72 (b) 参照〕．なお，スチフナが取り付いている場合には，フランジとスチフナで区切られた四角形の対角線上に金属製直尺を当て，すき間を測定することにより求める〔図 3.73 (a) 参照〕．また T 字形断面部材の通しウェブの曲がりは，直交するウェブが取り付いていない面から金属製直尺を当て，すき間を測定することにより求める〔図 3.73 (b) 参照〕．

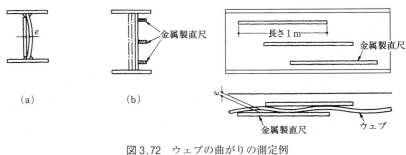

図 3.72　ウェブの曲がりの測定例

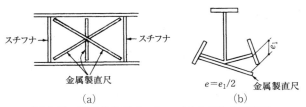

図 3.73　特殊条件下でのウェブの曲がりの測定例

3.7.15 柱の曲がり

表 3.55

図	管理許容差	限界許容差	測定器具
(図)	$e \leq \dfrac{H}{1\,500}$ かつ $e \leq 5\,\mathrm{mm}$	$e \leq \dfrac{H}{1\,000}$ かつ $e \leq 8\,\mathrm{mm}$	水　　糸 レ ベ ル コンベックスルール 金属製直尺

測定方法
1) 測定は X, Y 軸の 2 面について行う．
2) 柱頭・柱脚の同一面から，ある寸法を隔てて水糸を張り，柱中央部を金属製直尺で測定する．
3) 柱頭と柱脚を基準点とし，柱中央部をレベルで測定する．

水糸　$e = b - a$

　柱の曲がりは構造耐力に影響を及ぼすほか，仕口部の長さ・角度（立面）などの寸法精度と密接な関係がある．しかし，本指針では柱の曲がりが非常に小さいとの前提で，仕口部の長さ・角度（立面）の測定方法を定めている．したがって，曲がりが大きい柱の仕口部の長さ・角度（立面）を測定するためには，柱の曲がり量が考慮されなければならない．そのためには曲がりが大きい柱については，製作工場が曲がり量と方向を記録しておくことが望ましい．

　測定方法は，水糸を用いる方法が一般的であるが，レベルを使用することもある．測定は柱の X 軸，直行する Y 軸の 2 方向について行う．なお，直交する方向の曲がりを測定する場合，柱を直角に回転させて測定することが望ましい．柱脚・柱頭の同一面から任意の寸法（図 3.74 の a）だけ隔てて水糸を張り，柱中央部（図 3.74 の b）を金属製直尺で測定する〔図 3.74 参照〕．

　鉄連製品規定の冷間成形角形鋼管の曲がりの許容差は，素管に対して長さ 9 m 未満で長さの $\dfrac{1}{1\,500}$ 以下，長さ 9 m 以上で長さの $\dfrac{1}{1\,250}$ 以下と定めている．冷間成形角形鋼管は，鉄連ボックス

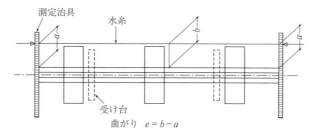

図 3.74　柱の曲がりの測定例（測定治具使用）

コラム委員会の報告では，素管の曲がりは鉄連製品規定を十分満足している実態が報告されている．また，通しダイアフラム形式の柱として組みあがった際には，素管の曲がりが鉄骨製品の曲がりとして大きく影響することはないことから，冷間成形角形鋼管を用いた柱の曲がりの許容差は，従来の柱の曲がりの許容差を適用する．

測定する面の柱頭・柱脚部および測定箇所のフランジに著しい折れ・傾斜がない場合は，測定治具でなく，山形鋼・マグネットなどを使用し，測定してもよい〔図3.75参照〕．

測定に際して特に長尺部材などの場合に，日照の条件によっては部分的な線膨張のため数mm前後の曲がりの影響を受けることもあるので注意する必要がある．また，剛性の低いものについては自重によるたわみが出ないように注意する必要がある．

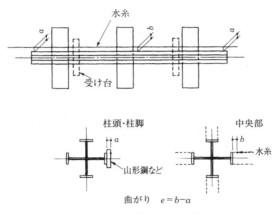

図3.75 柱の曲がりの測定例

3.7.16 梁の曲がり

表3.56

図	管理許容差	限界許容差	測定器具
(図)	$e \leq \dfrac{L}{1\,000}$ かつ $e \leq 10\,\mathrm{mm}$	$e \leq \dfrac{1.5L}{1\,000}$ かつ $e \leq 15\,\mathrm{mm}$	水　　糸 レ　ベ　ル コンベックスルール 金属製直尺
	測定方法　1) 目視でも判別できるが，測定する場合は梁せい・梁幅の2方向について行う．　2) 梁せい方向の曲がりは，部材を横に寝かせてフランジ端面からある寸法を隔てて水糸を張り，部材中央部を金属製直尺などで測定する．梁幅方向は部材を立てて同じ方法で測定する．		

梁せい方向：部材を横に寝かせる　　梁幅方向：部材を立てる

測定方法は通常目視確認である．必要に応じて測定する場合は，水糸を使用するのが一般的であるが，レベルを使用することもある．

測定する場合は，梁せい方向・梁幅方向の2方向について行う．原則として梁せい方向は，梁を横に寝かせた状態で，梁幅方向は，梁を立てた状態でフランジ両端に水糸を任意の寸法だけ隔てて張り，梁の中央部を金属製直尺などで測定する〔図3.76参照〕．測定に際しては，前項と同様に日照による影響に注意する必要がある．

梁の片側にだけ，ブラケット，外装ファスナ，デッキ受けや仮設ピースなどが溶接されると梁に大きな曲がりが生じることが多い．このような場合は現場で部材が正しい位置に取り付かなくなる可能性があるため，取り合う部材に応じた許容差を事前に定める必要がある．

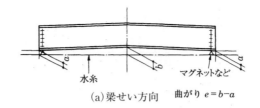
(a) 梁せい方向　　曲がり $e = b - a$

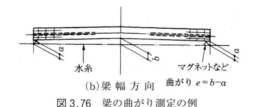
(b) 梁幅方向　　曲がり $e = b - a$

図3.76　梁の曲がり測定の例

3.7.17 柱のねじれ

表 3.57

図	管理許容差	限界許容差	測定器具
	$\delta \leq \dfrac{6D}{1\,000}$ かつ $\delta \leq 5\,\text{mm}$	$\delta \leq \dfrac{9D}{1\,000}$ かつ $\delta \leq 8\,\text{mm}$	下げ振り コンベックスルール 金属製直尺

測定方法：検査台上に柱を置き，柱両端に下げ振りを取り付け，コンベックスルールでねじれ量を測定する．両端のねじれ量の和が求めるねじれ量となる．

ねじり剛性の低いH形断面・I形断面柱の場合は，多少ねじれていても工事現場施工に際し，さほど支障はないが，ねじり剛性の高い十字形断面・箱形断面柱の場合は，ねじれていると建方時の修正がきかず，高力ボルト接合の場合はスプライスプレートの両端のボルト孔のずれ，溶接接合の場合は食違いが発生するなど，いずれの場合も支障をきたす．

測定は，柱を水平な検査台にセットし，柱の上・下端部について断面の中心線をけがき．次に端面の上端部中心線に，下げ振りをつけた水糸を合わせ，マグネットで固定し，下げ振りの揺れを止

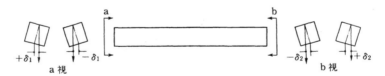

図 3.77 柱のねじれの測定例

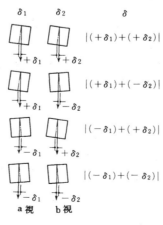

図 3.78 柱のねじれの測定例

めて，端面の下端部中心線と水糸中心との間隔を金属製直尺などで測定する．次に同じ要領で他端面についても測定する〔図3.77参照〕．

測定した結果，仮に端面下端部において，下げ振りをつけた水糸の中心が柱の端面の下端部中心線より右にあった場合をプラス，左側にあった場合をマイナスとすると，柱のねじれ量 δ は，その和となる〔図3.78参照〕．なお，計算上での混乱を避けるため，製品が置かれた状態での下げ振りに対する方向を南北または東西と定めて計算する方法もある．

柱のねじれは，柱のせいや直角度の精度が許容差内であっても，例えば図3.79のように柱断面が台形や平行四辺形になっている場合，この測定方法では正確な値を測定することが難しいため，2辺だけでなく4辺のせいを測定したり，断面の対角寸法を確認するなど他の項目と総合的に判断する必要がある．

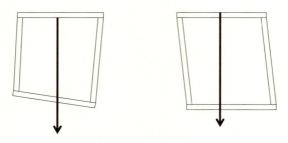

図3.79　柱断面が台形や平行四辺形になっている場合

鉄連製品規定の冷間成形角形鋼管は，ねじれの許容差をせい $\times \dfrac{1.5}{1\,000} \times$ 全長(m)mm 以下と定めている．鉄連ボックスコラム委員会の報告では，冷間成形角形鋼管の素管のねじれは鉄連製品規定を十分満足している実態が報告されている．また，通しダイアフラム形式の柱として組みあがった際には，素管のねじれが鉄骨製品のねじれとして大きく影響することはないことから，冷間成形角形鋼管を用いた柱のねじれの許容差は，従来の柱のねじれの許容差を適用する．

3.7.18 鋼板壁の高さと長さ

表 3.58

図	管理許容差	限界許容差	測定器具
（図）	$-3\,\text{mm} \leqq \Delta H \leqq +3\,\text{mm}$ $-3\,\text{mm} \leqq \Delta L \leqq +3\,\text{mm}$	$-5\,\text{mm} \leqq \Delta H \leqq +5\,\text{mm}$ $-5\,\text{mm} \leqq \Delta L \leqq +5\,\text{mm}$	JIS 1 級鋼製巻尺 コンベックスルール 金属製直尺 測定治具 孔心間測定用治具

測 定 方 法
1) 平面で水平になるように置く． 2) 両側高さと上下の長さを測定する． 3) 孔心間測定用治具や金属製直尺を隅のボルト孔に当て，孔心間を測定する．

　鉄骨造建物に用いられる鋼板壁などの面状部材の寸法は，平面で水平に置いた状態で，高さと長さを測定する．しかし，高さと長さを測定しただけでは所定の形状になっていることを確認することは難しい．このような面状部材の寸法測定は基準となる位置（例えばボルト孔心）の対角の長さ（図 3.80 の V_1，V_2）を測定することで製品の寸法精度が向上するものと考える．ただし，対角の長さの許容差は，面外の曲がり（図 3.80 の e）やうねりのために，高さや長さの数値と対角の長さの誤差を関連付けることは難しいため，対角の長さ（図 3.80 の V_1，V_2）は限界許容差として $\pm 5\,\text{mm}$ 内であればよいとしていることが多い．鋼板壁の柱梁との取合いはボルト接合または溶接接合であるが，ボルト接合の場合はボルト孔のクリアランスに納めるためには，より厳しい精度が必要となる場合がある．

　曲がりを測定する場合は，部材の各辺にて曲がりを測定する．曲がりの管理許容差は，中央で 2〜3 mm としていることがあるが，鋼板壁端部にはリブプレートが溶接されており，うねっている場合もあるので，基準となる水糸からの距離の最大値（中央部とは限らない）を測定するのが望ましい．

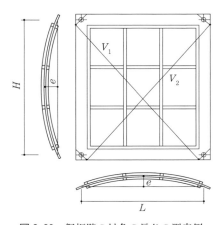

図 3.80　鋼板壁の対角の長さの測定例

粘性制振壁の場合は，図 3.81 に示すように制振壁の垂直度，接合面の水平度を確保する必要があるので，取付鉄骨架台の寸法精度確保が重要である．制振壁メーカーの製作精度管理値を考慮した管理許容差の例を表 3.59 に示す．

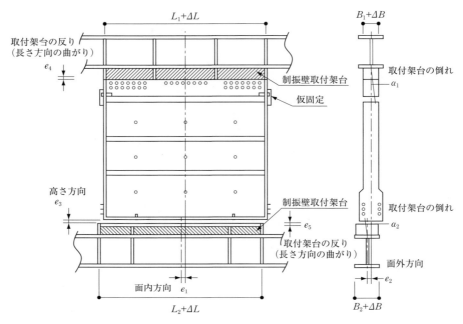

図 3.81　粘性制振壁

表 3.59　粘性制振壁のメーカー仕様と管理許容差の例

計測項目	制振壁のメーカー仕様	取付架台の管理許容差の例
取付架台長さ	$-2\,\text{mm} \leqq \Delta L \leqq +2\,\text{mm}$	$-3\,\text{mm} \leqq \Delta L_1 \leqq +3\,\text{mm}$
取付架台幅	$-2\,\text{mm} \leqq \Delta B \leqq +2\,\text{mm}$	$-2\,\text{mm} \leqq \Delta B_1 \leqq +2\,\text{mm}$
取付架台の反り	$-4\,\text{mm} \leqq e_4,\ e_5 \leqq +4\,\text{mm}$	$e_4,\ e_5 \leqq \dfrac{L}{1\,000}$ かつ $e_4,\ e_5 \leqq 4\,\text{mm}$
取付架台の倒れ	$-3\,\text{mm} \leqq \alpha_1,\ \alpha_2 \leqq +3\,\text{mm}$	$\alpha_1,\ \alpha_2 \leqq \dfrac{b}{100}$ かつ $\alpha_1,\ \alpha_2 \leqq 3\,\text{mm}$
面内方向ずれ	$-15\,\text{mm} \leqq e_1 \leqq +15\,\text{mm}$	$-15\,\text{mm} \leqq e_1 \leqq +15\,\text{mm}$
面外方向ずれ	$-10\,\text{mm} \leqq e_2 \leqq +10\,\text{mm}$	$-10\,\text{mm} \leqq e_2 \leqq +10\,\text{mm}$
高さ方向ずれ	$-15\,\text{mm} \leqq e_3 \leqq +15\,\text{mm}$	$-15\,\text{mm} \leqq e_3 \leqq +15\,\text{mm}$
孔　　径	$\pm 0.5\,\text{mm}$ 以下	± 0

3.7.19 メタルタッチ

表 3.60

図	管理許容差	限界許容差	測定器具
(図)	$e \leq \dfrac{1.5D}{1\,000}$ mm	$e \leq \dfrac{2.5D}{1\,000}$ mm	直角定規 テーパーゲージ 金属製角度直尺
	測定方法 直角定規を部材面に当て，メタルタッチ面と直角定規との間に生じたすき間をテーパーゲージで測定する．		

メタルタッチは部材の仮想心に対するタッチ面の角度を規定したものであり，工事現場での建方，溶接に支障を及ぼすおそれのある切削または切断のタッチ面での角度不良を防ぐためのものである．

測定は，溶接後にひずみ修正し，曲がりが許容差の $\dfrac{1}{3}$ 程度のものについては，直角定規を部材面に当て，メタルタッチ面と直角定規との間に生じたすき間をテーパーゲージで測定する〔図 3.82（a）参照〕．

一方，部材の曲がりが許容差の $\dfrac{1}{3}$ を超えるものについては，直角定規による測定では部材の仮想心に対する直角度を確認することができない．この場合は部材を検査台上に載せ，検査台の通り心に部材の仮想心を合わせ，部材端部において部材の仮想心に対するメタルタッチ面の直角度を金属製角度直尺などで測定する〔図 3.82（b）参照〕．

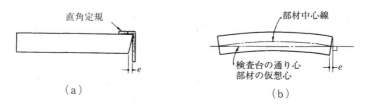

図 3.82 メタルタッチの測定例

冷間成形角形鋼管柱の工事現場溶接部では，食違いを防止する目的で裏当て金を差し込む形状としている場合があり，この場合は接合部にクリアランスがあるのでメタルタッチの精度の項目は適用されない．しかし，開先のルート間隔の精度が確保できるように接合面の直角度を確認しておく必要がある．鉄連製品規定の冷間成形角形鋼管では端面の直角度の許容差は定められていないが，冷間成形角形鋼管の製造会社または製造会社が指定する切断工場で切断する場合は，一定の管理値を設けている．ただし，冷間成形角形鋼管柱にこのメタルタッチの許容差を適用する場合は，製造会社の切断のままの状態ではなく，製作工場または製作工場から依頼を受けた加工工場によりメタルタッチ面に機械仕上げ等を施した上で適用する．

3.7.20 ベースプレートの折れおよび凹凸

表 3.61

図	管理許容差	限界許容差	測定器具
	$e \leqq 2\,\mathrm{mm}$	$e \leqq 3\,\mathrm{mm}$	金属製直尺 テーパーゲージ
	測定方法 ベースプレート下面に金属製直尺などを当て，ベースプレートと金属製直尺とのすき間をテーパーゲージや金属製直尺で測定する．		

ベースプレートの折れは，柱フランジ取付け位置から外側でのベースプレートの変形を指し，ベースプレートの凹凸は，ベースプレート面全体の変形を指す．実際の製品において，計測によりそれぞれの変形を明確に分離することは，かなり精密な測定を実施することとなり現実的でなく，そこまでの精度も必要としないと考えられる．このことから，ベースプレートの折れおよび凹凸については，両者の和に対する許容差を規定している．

測定方法は，ベースプレート下面（コンクリート着面側）に金属製直尺などを当て，ベースプレートと金属製直尺とのすき間をテーパーゲージや金属製直尺で測定する．ただし，測定しにくい場合は図 3.83 のように，ベースプレートの柱フランジ取付け位置のベースプレート下面に一定の寸法のマグネットを取り付け，そこへ金属製直尺などを当て，ベースプレートとのすき間をテーパーゲージや金属製直尺で測定する．ベースプレートの折れおよび凹凸は，ベースプレート端部（図 3.83 の e_1, e_2）とベースプレート中央（図 3.83 の e_3）の差である．

また，ベーススプレートの折れおよび凹凸の測定位置例を図 3.84 に示す．XY の 2 方向だけでは不十分な場合があるので注意する．

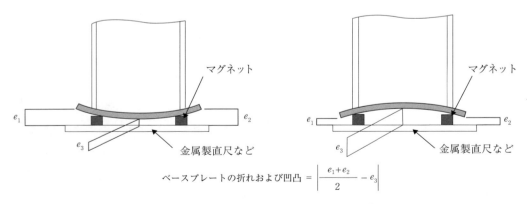

$$\text{ベースプレートの折れおよび凹凸} = \left| \frac{e_1 + e_2}{2} - e_3 \right|$$

図 3.83 ベースプレートの折れおよび凹凸の測定例

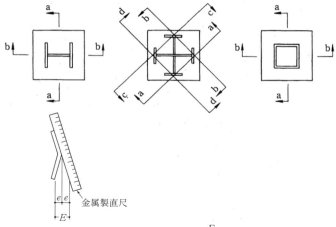

図 3.84 ベースプレートの折れおよび凹凸の測定位置例

免震積層ゴムアイソレータに直接取り付く場合のベースプレートの精度は，免震装置の水平度を確保する必要があるので，ベースプレートやボルト孔に精度が要求される．免震積層ゴムアイソレータの製作精度管理値を考慮した管理許容差の例を表 3.62 に示す．

表 3.62 免震積層ゴムアイソレータのメーカー仕様と管理許容差の例

計測項目	アイソレータのメーカー仕様	ベースプレートの管理許容差の例
フランジの傾き	$e \leqq \dfrac{5L}{100}$ かつ $e \leqq 3\,\text{mm}$	$e \leqq 2\,\text{mm}$
フランジの折れおよび凹凸	$\delta \leqq \dfrac{L}{500}$ かつ $\delta \leqq 3\,\text{mm}$	$\delta \leqq 2\,\text{mm}$
孔ピッチ	$-1.2\,\text{mm} \leqq \Delta P \leqq +1.2\,\text{mm}$	$-1\,\text{mm} \leqq \Delta P \leqq +1\,\text{mm}$
孔　径	$\pm 0.5\,\text{mm}$ 以下	± 0

ベースプレートの傾きの測定方法の例を図 3.85 に示す．

　図 3.85(a) は，検査台上に柱の仮想心を水平に置いて，柱の仮想心に対するベースプレートの傾きを測定する方法である．この場合は，直交する二方向の柱の仮想心に対して柱を検査台に置き直し，各方向に対して測定する必要がある．測定する柱が短い場合や柱を立てて測定できる場合は，図 3.85(b) のように，柱の仮想心を定盤に対して垂直になるように立てて固定し，ベースプレート端部と定盤とのすき間を金属製直尺などで測定する．また，直接ベースプレートの傾きは測定できないが，図 3.85(c) のように，測定する柱を定盤上に置いて柱の傾きを測定することにより，ベースプレートの傾きを換算する方法がある．(b) および (c) の測定方法は，いずれも定盤の精度が重要なので注意が必要である．また，製作工場の設備や検査器具により，これ以外の測定方法も考えられるので，事前に検査要領書等に測定方法を明記して測定することが重要である．

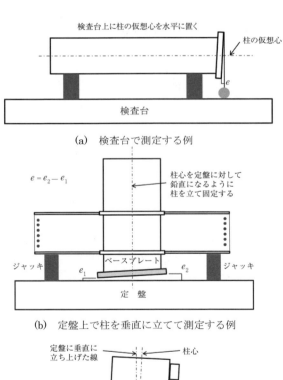

(a) 検査台で測定する例

(b) 定盤上で柱を垂直に立てて測定する例

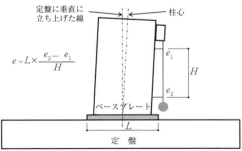

(c) 定盤上に設置し柱の傾きを確認する例

図 3.85　ベースプレートの傾きの測定例

3.8 工事現場

　工事現場での鉄骨精度管理は，測定に関する管理と鉄骨組立て精度の管理に分けられ，組立て精度の許容差は，建物の用途・規模などによって変化する．

　測定に関しては，工事現場で基準墨出しから鉄骨精度の測定まで使用する鋼製巻尺の精度が重要である．工事現場用基準巻尺は，JIS B 7512（鋼製巻尺）の1級品とし，工場製作用基準巻尺と照合してその誤差を確認して使用する．また，工場建屋など長い建物は，工事現場基準墨出しにおいて必ず所定の張力を加え，温度補正をする必要がある．建方時や建方後に鉄骨の垂直度・水平度を測定するセオドライトとレベルなどの精度管理も重要であるので，日常的にキャリブレーションを実施する．

　鉄骨組立て精度は，製品誤差と組立て誤差，接合時の誤差が累積されたものである．工場で組み立てられる製品製作時には，部材の製作誤差や組立て時の溶接による収縮などがあるが，製品精度として定められた許容差以内に管理することが重要である．工事現場での接合時の誤差は，ボルト孔の位置や径の精度，溶接時の収縮などによって起こる．

　工事現場溶接構造の場合，例えばスパン数10の建物で20か所現場溶接すると，建物全体で20～30 mm 収縮し，溶接順序によってはその収縮量に偏りがでることがある．このように，現場での仮組時の建方精度と溶接が終わったあとの最終精度は異なってくる．一例として溶接接合における狙いの精度の例を図3.86に示す．また，ボルト接合構造でも，ボルト締付け時のテーパーピンなどによる孔合せ作業や，接合完了時にひずみ直しワイヤを取り外したときの鉄骨の戻りなど，動きの終ったあとの測定値が最終精度となる．したがって，建方精度は，限界許容差よりも小さな値で管理することが必要である．

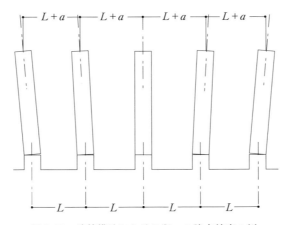

図3.86　溶接構造における狙いの建方精度の例

建物の高さ・長さによる管理面での特徴として，最近の超高層ビルでは，柱においてもその溶接収縮量は溶接1箇所あたり1～2mm程度であることが確認されており，建方誤差・製品誤差と合わせて，2～3節ごとにまとめてその累積誤差を，まだ製品の製作が完了していない2～3節先の製品にフィードバックする方法や，柱溶接部の縮み代を各柱の長さに加算する方法がとられている．また，工場などのように平面的に長い建物では，4～5スパンごとに平面方向の誤差を吸収する方法として，調整スパンを設けることもある．

3.8.1 建物の倒れ

表3.63

図	管理許容差	限界許容差	測定器具
（図）	$e \leq \dfrac{H}{4\,000} + 7\,\text{mm}$ かつ $e \leq 30\,\text{mm}$	$e \leq \dfrac{H}{2\,500} + 10\,\text{mm}$ かつ $e \leq 50\,\text{mm}$	下げ振り セオドライト ターゲット レーザ鉛直器 光学鉛直器 JIS1級鋼製巻尺 金属製直尺 三次元測距儀

測定方法
柱の各節の倒れより算定する． 地上1～n節の建物で，k節の柱の倒れをe_kとした場合，その建物の倒れeは， $$e = \sum_{k=1}^{h} e_k$$ なお，e_kの正負は建物内側から外側に倒れている場合は「＋」，建物外側から内側に倒れている場合は「－」とし，その測定方法は3.8.7「柱の倒れ」の測定方法に準じる．

建物の倒れは，工事現場における重要な鉄骨精度測定項目の一つである．低層の場合には直接セオドライトを使って測定できる場合もあるが，大部分の建物は，各節の柱の倒れの累計から求める．測定は，後述する3.8.7「柱の倒れ」の測定方法に準じる．建物全体では，外周の柱すべてを測定し，その最大値を比較して管理する．

3.8.2 建物のわん曲

表 3.64

図	管理許容差	限界許容差	測定器具
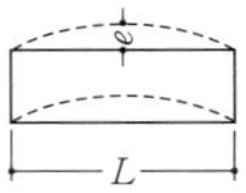	$e \leq \dfrac{L}{4\,000}$ かつ $e \leq 20$ mm	$e \leq \dfrac{L}{2\,500}$ かつ $e \leq 25$ mm	ピアノ線 JIS 1 級鋼製巻尺 金属製直尺
	測定方法　四隅の柱など，あらかじめ決められた基準柱との出入りを測定して，その値より算出する． 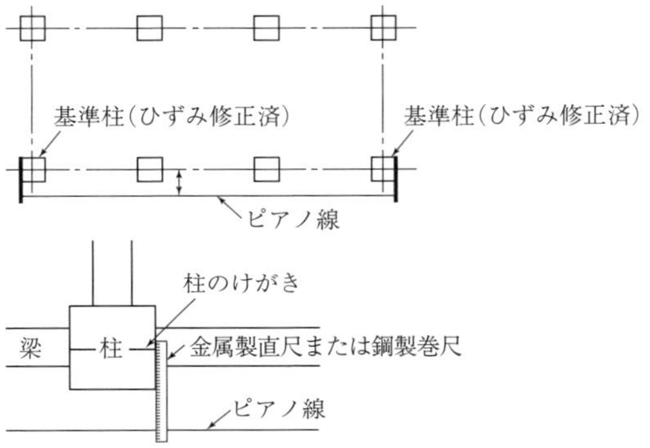		

通常，工事現場では建物のわん曲を特別に測定することは少ないが，工場建家など平面的に長い場合には，3.8.1「建物の倒れ」の測定を数スパン行い，その間を表3.64の図のようにピアノ線を張り，柱の出入りを測定することもある．SRC造では特にあと工事のコンクリート打込面との関連から，柱と梁の建方精度がかぶり厚さに影響する．

3.8.3 アンカーボルトの位置のずれ

表 3.65

図	管理許容差	限界許容差	測定器具
(図)	構造用アンカーボルト 建方用アンカーボルト 　$-3\,\mathrm{mm} \leq \Delta a \leq +3\,\mathrm{mm}$	構造用アンカーボルト 建方用アンカーボルト 　$-5\,\mathrm{mm} \leq \Delta a \leq +5\,\mathrm{mm}$	金属製角度直尺 コンベックスルール ベースプレート型板 （テンプレート）
	測定方法　すべてのアンカーボルトがアンカーボルト径 $+2\,\mathrm{mm}$ の孔をあけたベースプレート型板に入ることを確認する． 柱心墨からアンカーボルト心までの距離を，金属製角度直尺またはコンベックスルールで測定する．		

　アンカーボルトは構造耐力を負担する構造用アンカーボルトと構造耐力を負担しない建方用アンカーボルトに分類される．それゆえに建方用アンカーボルトは構造用アンカーボルトよりも納まり上および管理上，軽視されがちであった．しかし，建方用アンカーボルトといえども全体の建方精度に与える影響は大きいため，許容差は構造用アンカーボルトおよび建方用アンカーボルトの区別なく，構造用アンカーボルトと同じ許容差とした．

　測定は基礎天端のベースモルタルまたはコンクリートの上に，測定の基準となる柱心線の墨出しを行い，金属製角度直尺またはコンベックスルールを用いて，柱心線とそれぞれのアンカーボルト心との距離を X 方向および Y 方向について測定する．なお，アンカーボルト心による測定に替えて，同ボルトの内側の面までの距離を測定してその径の $\frac{1}{2}$ を加算する方法でもよい．

　測定によって得られた数値が管理許容差および限界許容差以内に納まっていることと同時に，すべてのアンカーボルトがアンカーボルト径 $+2\,\mathrm{mm}$ の孔をあけたベースプレート型板に入ることを確認する．

3.8.4 柱据付け面の高さ

表 3.66

図	管理許容差	限界許容差	測定器具
	$-3\,\text{mm} \leqq \Delta H \leqq +3\,\text{mm}$	$-5\,\text{mm} \leqq \Delta H \leqq +5\,\text{mm}$	レ ベ ル レーザレベル ス タ ッ フ コンベックスルール
	測 定 方 法 レベルを使用して，各柱ごとに4箇所以上測定する．		

柱据付け面の高さは，表3.66の図の測定方法のようにベースモルタル面の四隅をレベルで直接読み取る方法が一般的であり，ベースモルタルの平たん度にも注意を要する．ベースモルタルの平たん度は ±0.5 mm 程度には仕上げるべきである．

3.8.5 工事現場継手階の階高

表 3.67

図	管理許容差	限界許容差	測定器具
	$-5\,\text{mm} \leqq \Delta H \leqq +5\,\text{mm}$	$-8\,\text{mm} \leqq \Delta H \leqq +8\,\text{mm}$	レ ベ ル JIS 1 級鋼製巻尺
	測 定 方 法 レベルで柱に基準点を取り，AとBの寸法を鋼製巻尺で測定する． $H = A + B$		

3層1節で組み上げる鉄骨などでは，工事現場で各階の階高を測定する必要はないが，外装の仕上材の種類によっては，各節の柱の接合部のある階は，建物全体の組み上がり精度確認のために階高を測定し，納まりの逃げ寸法の範囲内にあることを確認する．超高層建物などでは，各節に累積された誤差を，工場製作工程の関係から，2～3節後に組み立てられる製品にフィードバックし，

レベル調整する方法がとられる．測定は，表3.67の図のように下階からJIS1級鋼製巻尺で測定階へ基準点を移し，レベルで各柱に基準高さを転記し，それぞれの位置から距離A，距離Bを測定し，AおよびBを加算する．この値がその柱における階高である．

3.8.6 梁の水平度

表3.68

図	管理許容差	限界許容差	測定器具
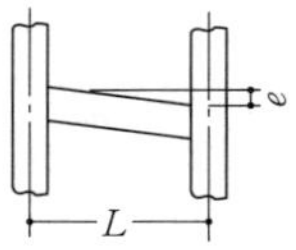	$e \leq \dfrac{L}{1\,000} + 3\,\text{mm}$ かつ $e \leq 10\,\text{mm}$	$e \leq \dfrac{L}{700} + 5\,\text{mm}$ かつ $e \leq 15\,\text{mm}$	レベル JIS1級鋼製巻尺 スタッフ
	測定方法 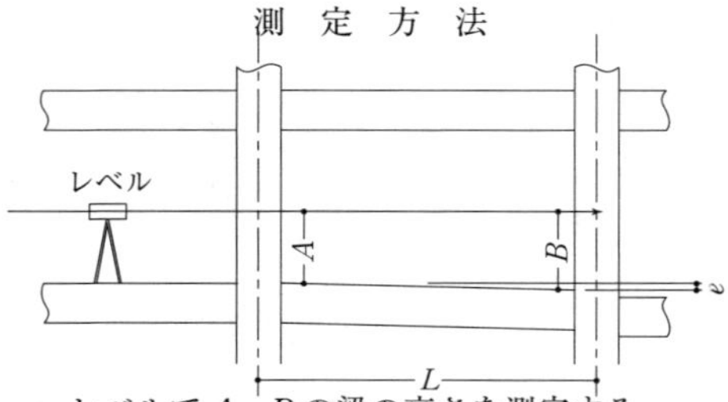　レベルでA，Bの梁の高さを測定する． $e = B - A$		

　一般に鉄骨柱の組立て精度は，製品誤差・組立て誤差，接合時の誤差が累積されたものであり，各柱ごとに異なるものである．したがって，隣接する柱の累積誤差の差により，柱を結ぶ梁の水平度に誤差が生じる．

　測定は，表3.68の図のようにレベルとスタッフ等で梁両端を測定し，その差を算出する．

3.8.7 柱の倒れ

表 3.69

図	管理許容差	限界許容差	測定器具
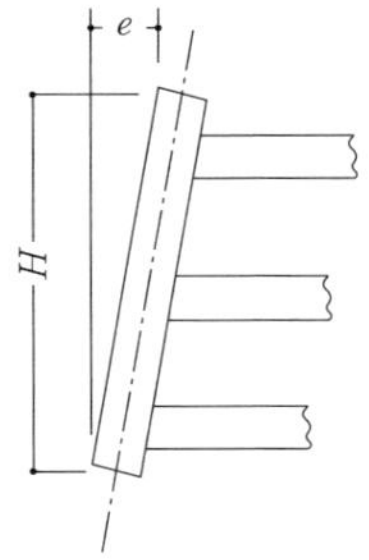 (図: 柱の倒れ e, 高さ H)	$e \leq \dfrac{H}{1\,000}$ かつ $e \leq 10\,\text{mm}$	$e \leq \dfrac{H}{700}$ かつ $e \leq 15\,\text{mm}$	下げ振り セオドライト ターゲット レーザ鉛直器 光学鉛直器 JIS 1級鋼製巻尺 金属製直尺 三次元測距儀

測定方法

方法A（下げ振り）

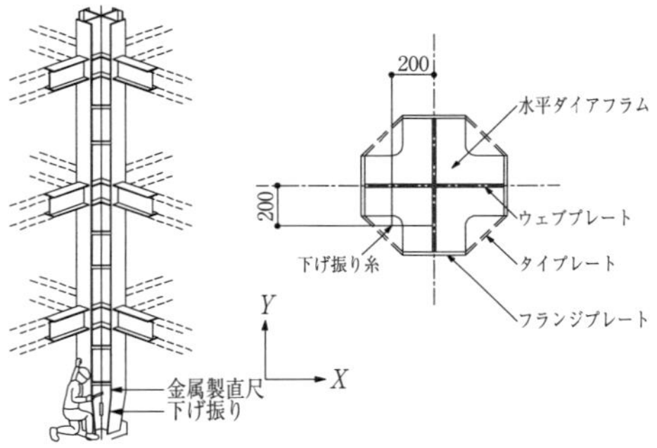

方法B（セオドライト）

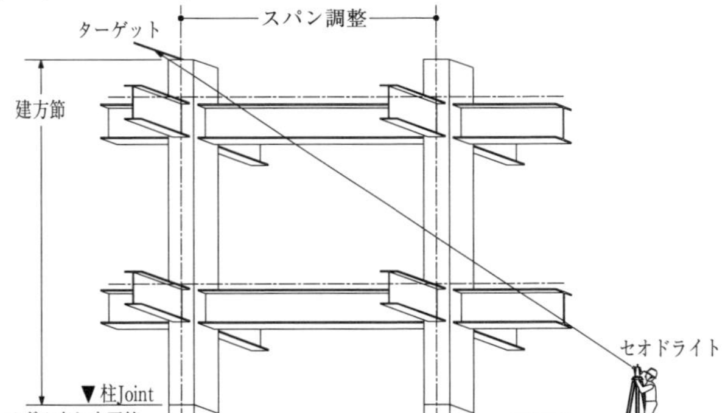

方法C（レーザ鉛直器）

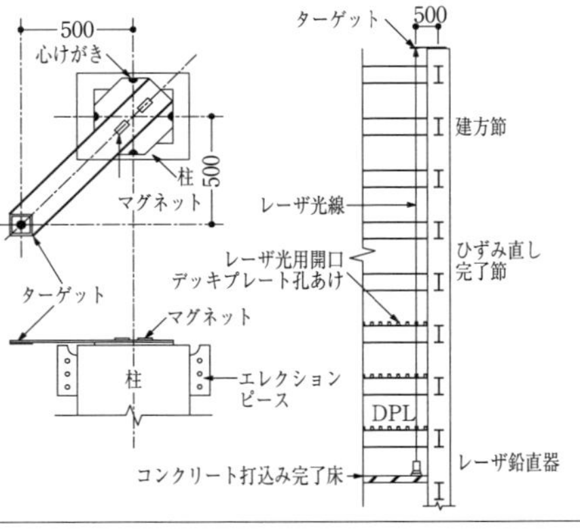

柱の倒れは，鉄骨精度測定項目の中でももっとも重要な項目の一つである．柱の倒れの測定は古くから行われている方法で，表3.69の方法Aのように下げ振りによる方法があり，小規模鉄骨工事を中心に一般的な方法といえる．この方法は柱1本につき1箇所以上の方位に下げ振りを柱頭より下げ，柱脚部でスケールにより倒れ量を測定する．下げ振りは風の影響を受けやすいため，風のあるときを避けるか，風の少ないときに測定するほうがよい．また，下げ振りは偏心のない比較的質量の大きいもの（5〜10 kg）を使用する．

　方法Bは，一般的に中高層以上の建物に採用されている測定方法で，柱の正しい位置からの変化量を直接測定でき，下節柱頭の正しい位置からの変化量との差分をとることで相対的な倒れ量を算出することができる．1階から建物上部までを見通せない場合や超高層建物のように測定値の誤差が大きくなる可能性がある場合は，節ごとに基準線を上階へ移し，それに伴って測定用セオドライトも上階へ盛り替えていく．柱の倒れ量は，建方階の柱頭へ取り付けたターゲットを視準することで得られる正しい位置からの変化量と，下節柱頭の正しい位置からの変化量との差分をとることで算出することができる．

　方法Cは，基準線を上階へ盛り替える場合，あらかじめ床やデッキプレートの所定の位置に孔あけをしておき，レーザ鉛直器などを使用して，直接建方階の誤差を読み取り，建方誤差を測定する方法である．建物の四隅などに基準柱を設定し，その柱頭にターゲットを設置し，それに映し出されるレーザ光スポットを観測する．この場合，基準柱のねじれに十分注意する．基準柱以外の柱の倒れは基準柱間にピアノ線を張り，ピアノ線と柱間の距離を測定する．いずれの方法も，倒れ量は通り心からのずれ量と下節柱頭または柱脚部の通り心からのずれ量との差分をとることで得られる．ずれ量はX, Yの2方向測定することが望ましい．

4章　測定器の精度と保守・管理

4.1　鉄骨工事の精度と測定器

　本章で述べる測定器および測定方法は，一般の鉄骨工事において必要でかつ十分な精度で測定できる例を示した．建物の用途および工事現場の条件によってはほかの方法も多く考えられる．溶接部の各種ゲージの中には自分で製作したほうが好ましい場合もある．また，複数の測定器を組み合わせて使用する場合も多い．

　通常，鉄骨工事の測定項目は，長さ・角度・曲がり・形状である．ただし，角度と曲がりは2点間の距離と直角方向の長さを測定することによって計算が可能であるので，基本的な測定項目は長さである．形状は外観形状と考えてよいが，客観的データとしては数量化したほうがよい．このような例としては，溶接部のピットの数，アンダーカットの深さなどがある．

　実際の測定における精度は，使用する測定器や複数の測定器を組み合わせて使用する場合などによって測定結果に大きな影響を受けるので，注意を要する．梁の長さを測定するには，鋼製巻尺が一般に使用されている．鋼製巻尺は JASS 6 において，工場製作用と工事現場施工用の照合（テープ合わせ）は特記によることとし，JIS 1 級鋼製巻尺の製品の許容差は 10 m で ±1.2 mm 以内となっている．工場製作用と工事現場施工用が JIS 1 級鋼製巻尺だけであると，相互の鋼製巻尺の許容差の上限・下限の幅として 2.4 mm となる．本指針に示した，梁の長さの管理許容差は ±3.0 mm となっているが，仮に工場製作用の鋼製巻尺で測定して ±3.0 mm を満足する製品であっても，工事現場施工用のもので測定して不合格となる場合もあり，このようなトラブルを避けるため前述のようにテープ合わせが必要となる．実際の工事では，基準テープを一つ定め，使用するすべての鋼製巻尺の基準テープに対する誤差を測定し，必要な場合は補正値を求めておく．鉄骨工事ではこの基準テープを真の値と定めて行うことになる．テープ合わせ時のテープは許容差の小さいものがよいので，JIS 1 級鋼製巻尺の許容差の $\frac{1}{2}$ 程度のものを選択するとよい．

　測定器の性能に必要な項目として，精度とともに重要な項目に測定範囲がある．いくら精度がよくてもその測定範囲は測定する物の大きさに適合していなければならない．外側マイクロメータで梁の長さを測定することは不可能であり，フランジプレートの厚みをテープで測定することも適切ではない．表 4.1 に各測定器の誤差の例を示した．測定範囲は外側マイクロメータの 0〜50 cm から光波距離計の 10〜1 000 m まで数多くの測定器がある．指示誤差が外側マイクロメータの 0.008 mm のような高精度のものもあるが，一般に高精度の測定器は測定範囲が狭く，測定範囲に対する相対誤差は 10^{-4} 程度が多く，鋼製巻尺も外側マイクロメータも同等とみてよい．

　以上のように，一般に使用されている測定器は高い精度で測定できるので，本指針に定められている管理許容差・限界許容差は，適切な測定方法を選択すれば十分精度よく測定できるはずである．しかし，実際の測定は必ずしも十分な精度で測定しているわけではない．例えば2点間の距離を測

定する場合を考えてみる．測定する位置をけがき線で示したとする．そのけがき線の大きさや位置のずれは，真の値を基準とした距離に誤差を生じさせることになる．その位置を肉眼で読み取るとすれば，その読取り誤差も累積する．表4.2に位置設定誤差および読取り誤差例を示すが，鋼製巻尺のJIS許容差と比べても小さくないといえる．

本指針の許容差はそれを測定する測定器および測定方法が十分信頼のあるものでないとその意味を失う．鉄骨工事全体の測定精度を高めるためには，適切な測定器と測定方法，慎重な測定が不可欠である．

表4.1 各測定器の性能の例

測定項目	測定器の種類	測定範囲ほか	許容差，指示誤差	相対誤差
長さ 厚さ	鋼 製 巻 尺	0～ 100 m	±1.2 mm/10 m	1.2×10^{-4}
	光 波 距 離 計	10～1 000 m	±5 mm/10 m	5.0×10^{-4}
	三 次 元 測 距 儀	0～ 100 m	±(1/10～2 mm)/10 m	$(0.1～2.0) \times 10^{-4}$
	金 属 製 直 尺	0～ 2 m	±0.2 mm/1 m	2.0×10^{-4}
	金属製角度直尺	0～ 50 cm	±0.2 mm/0.5 m	4.0×10^{-4}
	ノ ギ ス	0～ 50 cm	±0.1 mm/0.5 m	2.0×10^{-4}
	マイクロメータ	0～ 500 mm	±0.008 mm/0.5 m	1.6×10^{-5}
	ダイヤルゲージ	0～ 10 mm	±0.01 mm/0.01 m	1.0×10^{-3}
角度 鉛直 水平	セオドライト	光学系 高精度	±1″	4.8×10^{-6}
		一般	±5″	2.4×10^{-5}
	直 角 定 規	長さ 1 m 平形直角定規1級 (JIS B 7526)	±60 μm	6.0×10^{-5}
	分 度 器	目　視	±0.5°	8.7×10^{-3}
	鉛 直 器	重力・光学系 高精度	± 5″	2.4×10^{-5}
		重力・光学系 一般	±10″	4.8×10^{-5}
	レーザ鉛直器	スポット径10 mm/100 m		1.0×10^{-4}
	下 げ 振 り	精度 ±0.5～1.0 mm（風で使用不可）	±0.5 mm/10 m	5.0×10^{-5}
	レ ベ ル	重力・光学系	±0.3″	1.5×10^{-6}

表4.2 位置設定誤差および読取り誤差例

方　法	誤差の種類	大きさ・幅	誤差最大値	備　考
墨	位　置　（線）	0.3～1.0 mm	±0.5 ～1.0 mm	
鉛　筆	位　置　（線）	0.2～0.5 mm	±0.2 ～0.5 mm	
ピアノ線	位　置　（線）	0.3～0.6 mm	±0.5 ～1.0 mm	
水　糸	位　置　（線）	0.4～0.5 mm	±0.5 ～1.0 mm	ナイロン製
肉　眼	読　取　り		±0.05～0.1 mm	分　解　能
セオドライト	読　取　り	—	±0.2 mm	分　解　能
レーザ光	位　置　（線）	φ5 mm～φ10 mm	—	スポット径

4.2 測定器の種類
4.2.1 位　　　置

　位置は測定の基準になるものであり，一般的には点と線である．この正確さはもっとも重要といえよう．使用するものとしては墨・鉛筆などがある．線を十字に描くことによって点を示すこともできる．孔心間の測定のように，直接測定点を測定できない場合は，補助線により測定する．

　線を示す方法として，そのほかにピアノ線・水糸もある．特殊な例としてはレーザ光なども線として使用される．

（1）　墨

　墨により，材料に描いた線である．写真4.1に墨つぼ・墨さしを示す．

　測定における最も一般的な線を描く方法である．建築材料の種類にかかわらず使用できるので，材料の切断のための切り墨，測定時の基準墨，施工の際の中心を示す墨，建築物を建てるため敷地に打つ地墨などがある．墨は，測定の位置の基準になるものであるから，汚したり，踏みつけたり，土砂に埋まったりしないよう，十分な養生が必要である．また，墨を打つ材料の色により白，黒，そのほかの色を使い，鮮明に見えるようにするとよい．

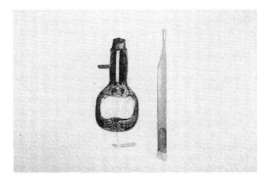

写真4.1　墨つぼ・墨さし

（2）　鉛　　　筆

　簡便な線として多用されるが，養生が困難であり，重要なもの，長期間使用するものには不適当である．

（3）　水糸・ピアノ線

　$\phi 0.5$ mm程度の細いピアノ線に張力を与え，ピアノ線自体を線とするものであり，2点間の線を示す方法として従来より推奨できる方法である．張力は重要であり，たるみがあると正確な線を示すことができない．特に風の強いときは注意を要する．柱・梁の曲がりの測定には，取り扱いが簡単なことからナイロン製の水糸を用いるのが一般である．写真4.2にピアノ線用具と水糸を示す．

写真 4.2 ピアノ線用具と水糸

4.2.2 長さおよび厚さ等

長さの測定には鋼製巻尺がもっとも多く使用される．長さの短い場合は，金属製直尺・ノギスも使用される．また，厚さの測定にはマイクロメータも使用される．また，レーザ光による光波距離計のように，数 km の距離が正確に測定できるものもある．特殊な測定器としては，塗膜の厚さを測る膜厚計，超音波によって鋼材の板厚を測る厚さ計などもある．

（1） 鋼製巻尺（JIS B 7512）

鋼製の巻尺で，バンドテープ・タンク巻尺・広幅巻尺・細幅巻尺・コンベックスルールの5種類がある．測定範囲は広幅巻尺で200 m まで，コンベックスルールで30 m までである．鉄骨工事には1級を用いる．測定には定められた張力を与えて使用するが，温度変化による膨張収縮はかなり大きく，その補正が必要である．ただし，鋼材を測定する場合，鋼製巻尺と鋼材が同一温度であれば補正は不要となる．気温と鋼材温度の差が少ない場合，鋼材温度と鋼製巻尺の温度差も少なく，補正も不要な場合が多いが，夏期の直射日光下では鋼材表面温度が70℃を超える場合もあり，補正を行ったとしても正しい測定は不可能となる．屋内か朝夕の日射の影響の少ないときに測定すべきである．鋼製巻尺はさびやすいので保管は湿気の少ない場所としなければならない．写真4.3に広幅鋼製巻尺，写真4.4にコンベックスルールを示す．

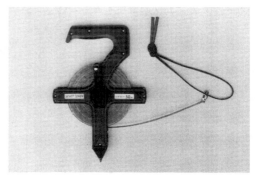

写真 4.3 広幅鋼製巻尺

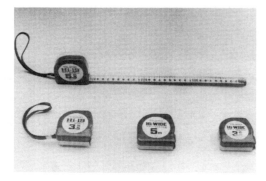

写真 4.4 コンベックスルール

（2） 金属製直尺（JIS B 7516）

通常，ステンレス鋼製の直尺であり，2m以内の長さ測定に適している．長さの許容差は1mで±0.2mm（1級）であり，精密な測定が可能である．写真4.5に金属製直尺を示す．

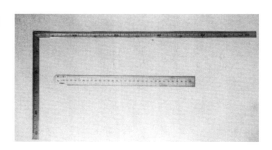

写真4.5　金属製直尺と金属製角度直尺

（3） 金属製角度直尺（JIS B 7534）

かね尺といわれるものであり，直角と500mmまでの長さ測定に使用される．長さの許容差は500mm以内の任意の2点間で±0.2mmである．通常，ステンレス鋼製である．写真4.5に金属製角度直尺を示す．

（4） ノギス（JIS B 7507）

最大測定長さ1000mmであるが，鉄骨工事では形鋼の断面寸法測定のように500mm以内のものに使用されることが多いので，通常600mm，または300mmの測定長さのものが使用される．指示値の最大許容誤差（部分測定面接触）は，500mmで±0.10mmと精度の高いものである．また，最小読取り値は，バーニャ目盛りで0.02mmで，ダイヤル目盛りおよびデジタル表示で0.01mmである．

（5） マイクロメータ（JIS B 7502）

ノギスより小さな許容差の必要な例は鉄骨工事では少ないが，許容差の小さい測定器としてマイクロメータがある．鉄骨工事では，鋼材の板厚測定に使用する．マイクロメータは，外側用と内側用があり，測定長は25mmごとに作られている．アナログ表示の目量は0.01mmで，デジタル表示の最小表示量は0.01mmまたは0.001mmである．また，指示量の最大許容誤差（全測定面接触）は，外側マイクロメータの場合では，指示誤差は0～25mmのもので±2μmである．

（6） テーパーゲージ

鉄骨工事では写真4.6に示すテーパーゲージが簡便であるため使用頻度が高い．目盛は0.1mm単位である．なお，JISではリーフ型のすきまゲージ（JIS B 7524）が規定されており，厚さ0.01mm～3.0mmまでのゲージを何枚か組み合わせて使用するため，テーパーゲージと比較すると測定精度は高い．

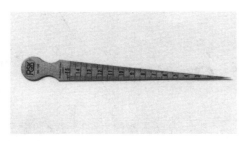

写真 4.6 テーパーゲージ

(7) 貫通ゲージ

写真 4.7 に示すものであり，高力ボルトのボルト孔径の測定に用いられる．精度は ±0.1 mm 程度である．

写真 4.7 貫通ゲージ

(8) 光波距離計

光波または電波を一定波長の波に変調して，この変調波の測点間往復の位相差により距離を測定するものである．精度は $\pm(5\,\text{mm}+5\,\text{ppm}\,D)$ 程度である．(D は測定距離で単位は mm)

4.2.3 角　　度

4.1 の一般事項で述べたように，角度は 2 点間の距離とそれと直角方向の長さによって測定可能であるが，直接角度を測定する計測器も数多くある．角度測定には水平・鉛直も含まれる．

(1) セオドライト

測定点において他の任意の 2 点間の水平または鉛直面内の角度を測定することができる．一般的にトランシットの精度の高いものをセオドライトと呼ぶ．セオドライトは，デジタル機能を備えており，近年のものはレーザ光を発する構造のものもあり，計測距離および精度ともに向上している．写真 4.8 にセオドライトの一種を示す．

(2) 水　平　器

気ほう管により水平度を測定するものである．写真 4.9 に水平器の一種を示す．

（3） 直角定規（JIS B 7526）

スコヤと呼ばれているもので，鋼製の直角定規である．

（4） レ　ベ　ル

気ほう管と光学系により精密な水平測定が可能なものである．写真 4.10 にレベルの一種を示す．

（5） 下 げ 振 り

鋼製の垂球を糸で吊るして鉛直の基準とする．防風処置が必要である．

（6） レーザ鉛直器

レーザ光線によって鉛直度を測るもので，測定距離が長い場合，精度は高く，下げ振りのような環境の影響がないので，高層建築の鉛直測定に多く用いられる．光源からの直接光を目に入れてはならない．写真 4.11 にレーザ鉛直器の一種を示す．

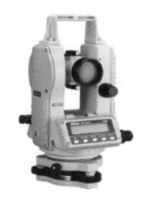

写真 4.8　セオドライト

写真 4.9　水平器

写真 4.10　レベル

写真 4.11　レーザ鉛直器

4.2.4　形状・外観

形状測定には，溶接部の外観形状，溶接部の開先形状，ガス切断面の粗さなどがある．

（1） 溶接ゲージ，アンダーカットゲージおよび限界ゲージ

写真 4.12 に示すものは，脚長・のど厚・余盛高さ・アンダーカット・ルート間隔，角度などを測定するものである．各ゲージの目盛りは，溶接ゲージは長さ，高さなどが 1.0 mm 単位で角度が

5.0°単位，ダイヤルゲージ式アンダーカットゲージは 0.01 mm 単位，限界ゲージはルート間隔が 1 mm 単位，角度が基準値 −2.5°などである．

溶接ゲージ（WG 型）

溶接ゲージ（WGU 型）

ダイヤルゲージ式アンダーカットゲージ

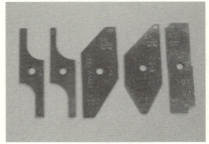
限界ゲージ

写真 4.12　溶接ゲージ，アンダーカットゲージおよび限界ゲージ

（2） 仕口のずれおよびH形断面の直角度の測定治具

写真4.13に示すものは，仕口のずれおよびH形断面の直角度を測定するものである．

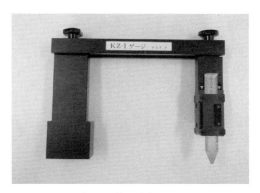
仕口のずれ測定ゲージ

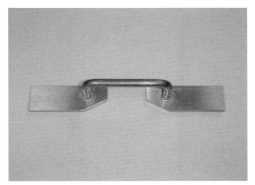
仕口のずれ測定治具

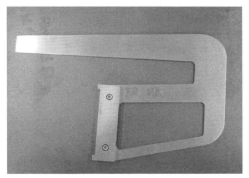
H形断面の直角度の測定治具

写真4.13　仕口のずれおよびH形断面の直角度の測定治具

（3） 切断面の粗さ

写真4.14 ガス切断面標準片は，切断面と比較して粗さを確認するものである．

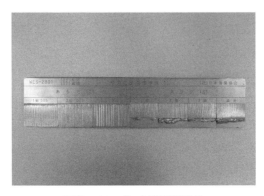
写真4.14　ガス切断面標準片

4.3 測定器の保守・管理

　測定器は，各測定器に求められた精度が恒常的に維持されていなければならない．測定器の精度は，JIS 規格品であれば JIS に定められた精度であり，JIS 規格品でなければ，メーカーの保証した精度による．

　測定器の精度の理想的な考え方は，日常使用している測定器の精度がより高い精度をもつ測定器によって校正され，さらにその測定器の精度が，公的な基準器によって保証されることである．

　精度のよい測定器であっても，それが長期間，安定した精度を保っていなければ実用性がない．これには定期的な校正と調整が必要となる．

　測定器は，常に良好な状態に保たれなければならない．特に高温・多湿とほこりが大敵である．このためには専用の収納場所が必要となる．したがって，測定器の保守・管理を一元的に行うことが望ましい．

　建築鉄骨の精度水準は，測定器の精度からみて測定が困難な数字ではない．しかし，測定器の使用環境，使用頻度によっては測定器の精度に大きな影響を及ぼすことも考えられる．したがって，測定数値の信頼性を保持するためには，測定器の保守・管理は重要な項目の一つといえる．

4.3.1　鋼製巻尺

（1）　保守・管理

　鋼製巻尺は一般に折り曲げに弱いので，折れ・ねじれに注意し，損傷したものは使用しない．使用後は水分・汚れなどを十分にふき取り，定期的に低粘性の油を薄く付けるとよい．温度差の激しい場所や湿度の高い場所を避けて保管する．

（2）　定期検査（鉄骨工事用基準巻尺：5年に1回程度）

　寸法精度を確保するために，製作工場ごとに鉄骨工事用基準巻尺（以下，基準巻尺という）を，保有する必要がある．この基準巻尺とは，工場および工事現場で使用する巻尺の精度を確認するための基準となる巻尺である．

　基準巻尺は，製造メーカー発行の検査成績書付き JIS B 7512 の1級広幅巻尺（13 mm 幅），または同じくバンドテープ（15 mm 幅）の中で表 4.3 に示す許容差のものを使用するとよい．なお，表示張力は 50 N（5 kgf 程度），長さは 30 m～50 m とする．

表 4.3　許容差の比較

呼び寸法 (m)	鉄骨工事用基準巻尺 (mm)	JIS 1級鋼製巻尺 (mm)
5	±0.4	±0.7
10	±0.6	±1.2
20	±1.1	±2.2
30	±1.6	±3.2
40	±2.1	±4.2
50	±2.6	±5.2

ⅰ) 基準巻尺

基準巻尺は少なくとも5年に1回程度，製造メーカーなどに依頼して定期的に精度検査を行う必要がある．

ⅱ) 作業用巻尺

現寸・組立て・工事現場で使用する作業用巻尺もJIS1級鋼製巻尺とする．現寸作業および検査に使用する鋼製巻尺は，新規購入時にメーカー発行の検査成績書で，基準巻尺と同程度であることを確認したものを使用する．またメーカー発行の検査成績書が添付されない巻尺や，作業時に極端な折れ・ねじれ等が発生した場合は，基準巻尺との照合による精度確認が必要である．この照合方法は，基準巻尺と照合すべき巻尺を並べ，0点を合わせて固定し，端末にそれぞれ所定の張力を与えて，5m単位に合わせる方の目盛の誤差を測定する．測定結果は目盛の誤差とともに張力・気温（巻尺の至近気温）・天候・測定年月日・測定場所・測定者・立会者などを所定用紙に記録し，保管しておくことが必要である．

4.3.2 金属製直尺

(1) 保守・管理

長さ測定に端面を，またウェブなどの曲がり測定に側面を使用する場合が多いので，この部分の摩耗・損傷に注意する．

(2) 定期検査（3年に1回程度）

直線性が明らかなものに側面を合わせて，すき間の有無を調べ，直線性を検査する．

4.3.3 金属製角度直尺

(1) 保守・管理

側面の摩耗や損傷のほか，直角度にも注意する．

(2) 定期検査（3年に1回程度）

直線性が明らかなものに短枝側面を合わせたときの長枝の先端と，反転させたときの先端とが同位置になるかどうかを調べ，直角度を検査する．直線性の検査は，金属製直尺と同様に行う．

4.3.4 直角定規

(1) 保守・管理

金属製角度直尺と同様に扱う．

(2) 定期検査（3年に1回程度）

金属製角度直尺と同様に操作し，直角度と直線性を検査する．

4.3.5 コンベックスルール

(1) 保守・管理

鋼製巻尺と同様に扱うほか，特に先端のつまみ金具を変形させないように注意する．

（2） 定期検査（3年に1回程度）

金属製直尺と照合し，誤差を確認する．

4.3.6 ノ ギ ス
（1） 保守・管理

測定面の摩耗や損傷に注意する．水分や汚れなどをふき取り，定期的に低粘性の油を塗る．デプスバーを必ず収めて，湿気の少ない場所に保管する．

（2） 定期検査（3年に1回程度）

測定面を密着させたときのすき間の有無，目盛の0点などを検査する．0点にない場合はブロックゲージによる補正方法により，JISの許容値内にあることを確認する．

4.3.7 マイクロメータ
（1） 保守・管理

ノギスと同様に測定面の摩耗・損傷に注意する．定期的にスピンドルを抜き取り，清掃後，低粘性の油を注油する．必ず測定面を開いたまま，湿気の少ない場所に保管する．

（2） 定期検査（3年に1回程度）

JIS B 7506の0級または1級のブロックゲージを測定し，指示誤差がJISの許容値内にあることを確認する．

4.3.8 テーパーゲージ
（1） 保守・管理

鉄骨工事で使用頻度が高いテーパーゲージは，測定箇所へ挿入する先端部が大切であるから，この部分を損傷させないよう十分注意する．

（2） 定期検査（3年に1回程度）

幅（三角形）や厚さ（テーパ形）をノギスなどで検査する．

4.3.9 貫通ゲージ
（1） 保守・管理

挿入部分の摩耗・損傷に注意し，湿気の少ない場所に保管する．

（2） 定期検査（3年に1回程度）

直径・真円度，打ち傷の有無などを検査する．

4.3.10 溶接ゲージ
（1） 保守・管理

スライド部の摩耗と先端面の損傷に注意する．

（2） 定期検査（そのつど）

外面目盛とスライド面目盛の 0 点合せにより誤差の検査を行う．

4.3.11　超音波厚さ計（JIS Z 2355／超音波パルス反射法による厚さ測定方法）
（1） 保守・管理
　ⅰ） 探触子の接触面は常に平滑であるように手入れする．
　ⅱ） 探触子ケーブル，超音波厚さ計本体などに付いた接触媒質は確実にふき取る．
　ⅲ） 日常点検を始業時に行う．

（2） 定期検査（1 年ごと）
　ⅰ） 本体，ケーブル，探触子などの異常および損傷の有無を目視点検する．
　ⅱ） 誤差の測定を通常測定する厚さに近い 3 段階の試験片を用いて測定し，装置の仕様に適合していることを確認する．
　ⅲ） 測定下限の測定を行い，探触子が所定の性能を維持していることを確認する．

4.3.12　セオドライト，レベル
（1） 保守・管理
　ⅰ） 露出部分のほこり取りはブラシを用いる．
　ⅱ） レンズ部分のほこりを除くには柔らかい筆ほうきや羽根を用いる．また，レンズをふくには，柔らかい和紙か洗い古した木綿布を使って静かにふく．
　ⅲ） 微動ねじそのほかのねじは，ホワイトガソリンで洗った後，指定の油を少量与える．
　ⅳ） 望遠鏡および目盛光学系ならびに中心軸部分の分解は必ず専門工場に依頼する．
　ⅴ） 機械は湿気の少ない日陰の場所に保管する．

（2） 定期検査（1 年に 1 回）

年 1 回の精度確認が必要である．セオドライトは，メーカーに精度確認を依頼するとよい．

4.3.13　懸垂指示はかり
（1） 保守・管理

水分には十分注意し，筒内のスプリングが，さび（錆）により強度低下を起こさないよう注意する．

（2） 定期検査（3 年に 1 回程度）

所定のウエイトにより指定目盛の誤差を確認する．

4.3.14　電磁式膜厚計
（1） 保守・管理
　ⅰ） 膜厚計は屋外で使用することが多いので水分に十分注意する．
　ⅱ） プローブの先端（測定物に接触する面）のきずおよびねじれに注意する．

ⅲ）　使用しないときは電池をケースより引き出しておく．
（2）　定期検査（そのつど）
　0点調整した鉄素地と同じ位置に，付属の標準板を載せ，その上からプローブを押し当て，メータ指針を標準板の値に合うよう調整する．これを繰り返すことにより，誤差を調べる．
　数値調整が困難な場合および変動の激しい場合は，電池不良か機器本体の故障が考えられるので注意を要する．

5章 記　　録

　本章では，受入検査または社内検査において，3章に従い実施した測定の結果をどのように記録し，報告するか具体的に述べる．また，工場製作段階の精度を踏まえた工事現場での測定結果の記録についても述べる．

5.1　工作および組立て

　前述した3章3.4「工作および組立て」では，各部材の単品の加工精度と2部材以上の組立ての精度について規定している．鉄骨製作工場で行う精度管理については，各作業工程における作業者自身で行う自主管理と，各工程ごとに専任の管理者を置いてその管理者が精度管理を行う場合がある．本節にある項目の中で，ルート面，ベベル角度，切断面の粗さ，切断面のノッチ深さ，切断縁の直角度などは，1日に加工する量も多いので，できるだけ作業者自身が作業中に自主管理を行うべきものである．これらの加工作業は機械を使用する場合が多いので，加工中であっても目視検査が可能である．管理方法は精度上支障のある値の上下限に近いものを測定器具で測定し，製品の検査部位近傍にその結果を記録するか，必要に応じて管理シートを利用するとよい．また，T継手のすき間，重ね継手のすき間，突合せ継手の食違い，ルート間隔，開先角度，仕口のずれなどは次工程の溶接に直接影響するため，社内検査にてすべての溶接部を検査対象範囲として検査することとしている．

　抜取検査のときは，誤差の大きいと思われるものを測定器具で測定し，製品の測定箇所近傍にその結果を記録する．必要に応じて手直しの有無について管理シートなどに記録しておくとよい．特に溶接部の品質を左右する項目については，自主管理の立場からもぜひ記録し，以後の同じ作業にフィードバックできるよう，かつ記録の特徴をよく把握し，手もどりを減らすなど，大いに利用すべきである．表5.1に溶接作業前における管理シートの例を示す．

5.2　高力ボルト

　高力ボルトの孔に関する項目は，最終的に高力ボルトが正しく挿入できることが前提である．そのためには，それぞれの部材が所定の精度であればよい．特に高力ボルト接合部の肌すきについては，事前（社内検査時）に取り合う部材の寸法を把握しておけば，フィラープレートの挿入の準備も早くできるであろう．工事現場における接合部の肌すきの検査は，仮ボルトの締付けで部材どうしが密着しているかどうかを確認する．

表 5.1 開先加工管理シートの例

株式会社　○○鉄工所

開先加工管理シート		工事名称：						検査責任者		
					年　月　日			検査担当者		
月／日	部材番号	枚数	作業者	検査員	検査項目			補修要領	メモ	
					角度	ルート面	開先面			

［参考］　補修要領の項　G：グラインダ処理　WG：肉盛グラインダ処理　AC：再開先取り

5.3　溶　接

3.6「溶接」に関する項目は，仕口などの部品組立ての溶接や，柱・梁など大組立ての溶接の記録にも適用でき，工場溶接でも工事現場溶接でも同等の検査基準でよい．溶接部は原則として全数目視による検査を行い，手直しの必要な箇所は製品の検査部位近傍にその旨を明示しておき，手直し完了後にその適否を再検査し，その結果を良や OK などのマークで表示しておくとよい．最終的な記録はすべて製品検査成績表に溶接として1項目入れるなど，表示することを原則とする．なお，入熱量やパス間温度等の溶接条件の管理方法については製作工場によって異なるが，その管理方法は工場製作要領書に記載される．したがって，工場製作要領書に示された方法を遵守することで，溶接条件は満足しているものとみなせる．このことを製作工場は保証するという意味で製品検査成績書に溶接条件の1項目を入れるなどして表示することが望ましい．記入例は5.4「製品」を参照されたい．完全溶込み溶接部の内部欠陥の検査については，本会編「鋼構造建築溶接部の超音波探傷検査規準・同解説」を適用し，別途報告する．

また，工事現場溶接の場合，品質管理の上からも特に溶接作業前・作業中・作業後の検査に至る経緯を記録し，その結果，品質の特性を把握できるように利用すべきである．工事現場における記録として，表5.2に溶接施工管理シートの例を，表5.3に溶接部近傍に貼るステッカーの例を示す．

表5.2 溶接施工管理シートの例

工事現場溶接施工管理シート																	
KEY PLAN							年　　　月　　　日　天候　　　　風速　m/s　気温　　℃　湿度　　％　作業時間　検査者名　溶接作業主任者名										
部位	溶接技能者氏名	方向	溶接前検査						溶接中検査				溶接後検査				評価	備考
			板厚(mm)	ルート間隔(mm)	食違い・仕口のずれ	裏当て	エンドタブ	組立て溶接	予熱温度	電流(A)	電圧(V)	パス数	外観検査				U.T		
													ピット	アンダーカット	ビード表面	余盛高さ			

表5.3 溶接部近傍に貼るステッカーの例

溶接施工記録				
施工年月日　平成○年○月○日			管理技術者氏名　○○○○	
開先形状　t=36×36　Ⓥ　K			承認	
母材　SN 490 B　SN 400 B		使用溶材　YGW 11　YGW 18		
	東	西	南	北
溶接技能者	井口	岩田	岩田	井口
パス数	19	18	19	19
検査合否	合格	合格	合格	合格
補修	月　日			
	溶接技能者			
	検査合否			

5.4 製　　　品

3.7「製品」の検査項目および検査数量は，要求品質，製作能力，品質管理体制等を十分考慮して製作工場が事前に決定する．

特に，検査数量については最近の加工設備のNC化，ロボット化等によりその製作技術，管理体制が十分と認められるならば抜取検査に移行することも可能である（例：小梁，間柱，ブレース等単部材）．決定した検査項目，検査数量等は工場製作要領書に記載し，施工者の承諾および監理者の承認を受ける．

検査項目の社内検査成績表への記入要領は，本会編「鉄骨工事技術指針・工場製作編」の8.2節では以下のA, B, Cの3種類に区分している．

　A．寸法計測を行い，測定値と設計値の差を記入する項目．特記のない場合，柱の長さ・階高・仕口部の長さ・柱のせい・仕口部のせい・梁の長さ・梁のせいの7項目については全数寸法測定を行い記録を残す．

　B．寸法測定を行い，測定結果の適否を記入する項目．

　C．寸法測定はするが，記入は省略できる項目．

Aの項目の7項目（柱の長さ，階高，仕口部の長さ，柱のせい，仕口部のせい，梁の長さ，梁のせい）について特記がない場合は全数寸法精度を測定し記録を残しておく．ここで得られた検査記録は，受入検査で対物検査を行う場合に重要な判定資料となる．

Bの項目については，Aの項目よりも軽視しがちであるが，誤差の累積等により構造物の品質に影響を及ぼすことがあるので，注意が必要である．

Cの項目については記録を省略できるだけであって，検査を省略できるということではないことを認識しなければならない．実際の検査方法としては工作図をチェックシートの代りに活用する方法などがある．

BおよびCの項目の検査数量は，各製作工場により，品質保証体制，要求品質に対する対応能力，鉄骨製作方法，品質管理体制等が異なるので，一律に全数検査を義務付けるものではなく，製作工場ごとに異なってもよい．製作工場は要求品質，製作能力，品質管理体制等を十分検討し検査数量を決定する．決定した検査項目，検査数量については工場製作要領書に記載し，施工者の承諾を受ける．さらに，BおよびCの項目については，その部材により重要度が異なってくる場合があるので，必要に応じてAまたはBのいずれの項目とするかについてといった対応を事前に工事関係者間で協議し決定することが肝要である．

表5.4に示すのは検査成績表に記録する項目の一例である．表5.5は柱の検査成績表，表5.6は梁の検査成績表の一例を示す．いずれの検査成績表も必ず測定要領図が必要である．また，実際に製品検査を行う時は書類検査，対物検査などの結果も記録としてまとめる必要がある．

表5.4 検査成績表に記録する項目例

	測定項目		測定位置	管理許容差	限界許容差	成績表への記入要領 A	成績表への記入要領 B	成績表への記入要領 C
柱	長さ	H		$H<10$ m -3 mm$\leq \Delta H \leq 3$ mm $H\geq 10$ m -4 mm$\leq \Delta H \leq 4$ mm	$H<10$ m -5 mm$\leq \Delta H \leq 5$ mm $H\geq 10$ m -6 mm$\leq \Delta H \leq 6$ mm	○		
	階高	h		-3 mm$\leq \Delta h \leq 3$ mm	-5 mm$\leq \Delta h \leq 5$ mm	○		
	柱せい	W		$D<800$ mm -2 mm$\leq \Delta D \leq 2$ mm $D\geq 800$ mm -3 mm$\leq \Delta D \leq 3$ mm	$D<800$ mm -3 mm$\leq \Delta D \leq 3$ mm $D\geq 800$ mm -4 mm$\leq \Delta D \leq 4$ mm	○		
	仕口部の長さ	L		-3 mm$\leq \Delta L \leq 3$ mm	-5 mm$\leq \Delta L \leq 5$ mm	○		
	仕口部のせい	D		$D<800$ mm -2 mm$\leq \Delta D \leq 2$ mm $D\geq 800$ mm -3 mm$\leq \Delta D \leq 3$ mm	$D<800$ mm -3 mm$\leq \Delta D \leq 3$ mm $D\geq 800$ mm -4 mm$\leq \Delta D \leq 4$ mm	○		
	曲がり	e		$e\leq \dfrac{H}{1\,500}$ かつ $e\leq 5$ mm	$e\leq \dfrac{H}{1\,000}$ かつ $e\leq 8$ mm		○	
	ねじれ	δ		$\delta \leq \dfrac{6D}{1\,000}$ かつ $\delta \leq 5$ mm	$\delta \leq \dfrac{9D}{1\,000}$ かつ $\delta \leq 8$ mm		○	
	仕口部の角度 立面	e		$e_1 \leq \dfrac{L}{300}$ かつ $e_1 \leq 3$ mm	$e_1 \leq \dfrac{L}{200}$ かつ $e_1 \leq 5$ mm		○	
	仕口部の角度 平面	e		$e_2 \leq \dfrac{L}{300}$ かつ $e_2 \leq 3$ mm	$e_2 \leq \dfrac{L}{200}$ かつ $e_2 \leq 5$ mm		○	
	対角	L		-3 mm$\leq \Delta L \leq 3$ mm	-4 mm$\leq \Delta L \leq 4$ mm			○
	メタルタッチ	e		$e \leq \dfrac{1.5W}{1\,000}$ mm	$e \leq \dfrac{2.5W}{1\,000}$ mm			○
	ベースプレートの折れおよび凹凸	e		$e \leq 2$ mm	$e \leq 3$ mm		○	

［注］ 1. H形鋼の精度については JIS G 3192・JIS G 3136 による．
2. 成績表への記入要領
　　A：設計値との差記入，B：適・否を記入，C：記入を省略

表 5.4 検査成績表に記録する項目例(つづき)

	測定項目		測定位置	管理許容差	限界許容差	成績表への記入要領 A	B	C
柱	シャープレートの心ずれ	E_1		$E ≦ 2$ mm	$E ≦ 3$ mm			○
	シャープレートの倒れ	e_1		$e ≦ \dfrac{l}{150}$ かつ $e_1 ≦ 1.5$ mm	$e ≦ \dfrac{l}{100}$ かつ $e_1 ≦ 2$ mm			○
	ブレースガセットの長さ	V		-3 mm $≦ ΔV_1 ≦ +3$ mm かつ -3 mm $≦ ΔV_2 ≦ +3$ mm かつ $|ΔV_1|+|ΔV_2| ≦ 4$ mm	-5 mm $≦ ΔV_1 ≦ +5$ mm -5 mm $≦ ΔV_2 ≦ +5$ mm かつ $|ΔV_1|+|ΔV_2| ≦ 6$ mm		○	
	ブレースガセットのせい	d		$d<800$ mm $\quad -2$ mm $≦ Δd ≦ 2$ mm $d≧800$ m $\quad -3$ mm $≦ Δd ≦ 3$ mm	$d<800$ mm $\quad -3$ mm $≦ Δd ≦ 3$ mm $d≧800$ m $\quad -4$ mm $≦ Δd ≦ 4$ mm		○	
	ブレースガセットの心ずれ	e		$e ≦ 2$ mm	$e ≦ 3$ mm			○
	ブレースガセットの倒れ	$α$		$α ≦ 1$ mm	$α ≦ 1.5$ mm			○
梁	長さ	L		-3 mm $≦ ΔL ≦ 3$ mm	-5 mm $≦ ΔL ≦ 5$ mm	○		
	せい	D		$D<800$ mm $\quad -2$ mm $≦ ΔD ≦ 2$ mm $D≧800$ m $\quad -3$ mm $≦ ΔD ≦ 3$ mm	$D<800$ mm $\quad -3$ mm $≦ ΔD ≦ 3$ mm $D≧800$ m $\quad -4$ mm $≦ ΔD ≦ 4$ mm	○		
	曲がり 梁せい方向 / 梁幅方向	e		$e ≦ \dfrac{L}{1\,000}$ かつ $e ≦ 10$ mm	$e ≦ \dfrac{1.5L}{1\,000}$ かつ $e ≦ 15$ mm		○	
	ブラケットの位置	L		-3 mm $≦ ΔL ≦ 3$ mm	-5 mm $≦ ΔL ≦ +5$ mm		○	
	ブラケットの長さ	b		-3 mm $≦ Δb ≦ 3$ mm	-5 mm $≦ Δb ≦ +5$ mm		○	
	ブラケットのせい	d		$d<800$ mm $\quad -2$ mm $≦ Δd ≦ 2$ mm $d≧800$ m $\quad -3$ mm $≦ Δd ≦ 3$ mm	$d<800$ mm $\quad -3$ mm $≦ Δd ≦ 3$ mm $d≧800$ m $\quad -4$ mm $≦ Δd ≦ 4$ mm		○	
	ブラケットの角度	X		-3 mm $≦ ΔX ≦ 3$ mm	-4 mm $≦ ΔX ≦ 4$ mm			○

[注] 1. H形鋼の精度については JIS G 3192・JIS G 3136 による.
  2. 成績表への記入要領
    A:設計値との差記入, B:適・否を記入, C:記入を省略

表5.4 検査成績表に記録する項目例(つづき)

	測定項目		測定位置	管理許容差	限界許容差	成績表への記入要領 A	B	C
梁	ブレースガセットの位置	V		$-2\,\text{mm} \leq \Delta V \leq 2\,\text{mm}$	$-3\,\text{mm} \leq \Delta V \leq 3\,\text{mm}$		○	
	ブレースガセットのせい	d		$d<800\,\text{mm}$ $-2\,\text{mm} \leq \Delta d \leq 2\,\text{mm}$ $d \geq 800\,\text{m}$ $-3\,\text{mm} \leq \Delta d \leq 3\,\text{mm}$	$d<800\,\text{mm}$ $-3\,\text{mm} \leq \Delta d \leq 3\,\text{mm}$ $d \geq 800\,\text{m}$ $-4\,\text{mm} \leq \Delta d \leq 4\,\text{mm}$	○		
	ブレースガセットの倒れ	e		$e \leq \dfrac{V_h}{500}$ かつ $e \leq 2\,\text{mm}$	$e \leq \dfrac{V_h}{300}$ かつ $e \leq 3\,\text{mm}$			○
	拡幅フランジの食違い	e_1		$e_1 \leq 1\,\text{mm}$	$e_1 \leq 2\,\text{mm}$			○
	拡幅フランジ面全体の折れ	e_2		$e_2 \leq \dfrac{B}{100}$ かつ $e_2 \leq 1.5\,\text{mm}$	$e_2 \leq \dfrac{1.5B}{100}$ かつ $e_2 \leq 2.5\,\text{mm}$			○
	拡幅フランジの折れ	e_3		$e_3 \leq 2\,\text{mm}$	$e_3 \leq 3\,\text{mm}$			○
柱・梁・共通	幅	B		$-2\,\text{mm} \leq \Delta B \leq 2\,\text{mm}$	$-3\,\text{mm} \leq \Delta B \leq 3\,\text{mm}$			○
	箱形断面の直角度	e		接合部 $e \leq \dfrac{W}{100}$ かつ $e \leq 2\,\text{mm}$ 一般部 $e \leq \dfrac{2W}{100}$ かつ $e \leq 4\,\text{mm}$	接合部 $e \leq \dfrac{3W}{200}$ かつ $e \leq 3\,\text{mm}$ 一般部 $e \leq \dfrac{3W}{100}$ かつ $e \leq 6\,\text{mm}$			○
	H形断面の直角度	e		接合部 $e \leq \dfrac{b}{100}$ かつ $e \leq 1\,\text{mm}$ 一般部 $e \leq \dfrac{2b}{100}$ かつ $e \leq 2\,\text{mm}$	接合部 $e \leq \dfrac{3b}{100}$ かつ $e \leq 1.5\,\text{mm}$ 一般部 $e \leq \dfrac{3b}{100}$ かつ $e \leq 3\,\text{mm}$			○
	ウェブの心ずれ	e		$e \leq 2\,\text{mm}$	$e \leq 3\,\text{mm}$			○
	ウェブのり曲り	e		$e_1 \leq \dfrac{D}{150}$ かつ $e_1 \leq 4\,\text{mm}$ $e_2 \leq \dfrac{l}{150}$ かつ $e_2 \leq 4\,\text{mm}$ ただし,$t \leq 6$ には適用しない	$e_1 \leq \dfrac{D}{100}$ かつ $e_1 \leq 6\,\text{mm}$ $e_2 \leq \dfrac{l}{100}$ かつ $e_2 \leq 6\,\text{mm}$ ただし,$t \leq 6$ には適用しない			○
	ルート面	Δa		裏当て金なし $\Delta a \leq 2\,\text{mm}$ 〃 あり $\Delta a \leq 1\,\text{mm}$	裏当て金なし $\Delta a \leq 3\,\text{mm}$ 〃 あり $\Delta a \leq 2\,\text{mm}$			○
	ベベル角	$\Delta\theta$		$\Delta\theta \geq -1°$ ($\theta<35°$) $\Delta\theta \geq -2.5°$ ($\theta \geq 35°$)	$\Delta\theta \geq -2°$ ($\theta<35°$) $\Delta\theta \geq -5°$ ($\theta \geq 35°$)			○
	切断面の粗さ			開先内 $100\,\mu m Rz$ 以下 自由縁端 $100\,\mu m Rz$ 以下	開先内 $100\,\mu m Rz$ 以下 自由縁端 $100\,\mu m Rz$ 以下			○
	切断面のノッチ深さ	d		開先内 $d \leq 0.5\,\text{mm}$ 自由縁端 $d \leq 0.5\,\text{mm}$	開先内 $d \leq 1\,\text{mm}$ 自由縁端 $d \leq 1\,\text{mm}$			○

[注] 1. H形鋼の精度については JIS G 3192・JIS G 3136 による.
2. 成績表への記入要領
A:設計値との差記入, B:適・否を記入, C:記入を省略

表5.4 検査成績表に記録する項目例(つづき)

	測定項目		測定位置	管理許容差	限界許容差	成績表への記入要領 A	成績表への記入要領 B	成績表への記入要領 C
柱・梁・共通	切断縁の直角度	e		$t \leq 40$ mm $e \leq 1$ mm $t > 40$ mm $e \leq \dfrac{t}{40}$ mm かつ $e \leq 1.5$ mm	$t \leq 40$ mm $e \leq 1.5$ mm $t > 40$ mm $e \leq \dfrac{1.5t}{40}$ mm かつ $e \leq 2$ mm			○
	突合せ継手の食違い	e	$t = \min(t_1, t_2)$	$t \leq 15$ mm $e \leq 1$ mm $t > 15$ mm $e \leq \dfrac{t}{15}$ mm かつ $e \leq 2$ mm	$t \leq 15$ mm $e \leq 1.5$ mm $t > 15$ mm $e \leq \dfrac{t}{10}$ mm かつ $e \leq 3$ mm		○	
	仕口のずれ	e	$t = \min(t_1, t_2)$	$t \geq t_3$ $e \leq \dfrac{2t}{15}$ かつ $e \leq 3$ mm $t \geq t_3$ $e \leq \dfrac{t}{6}$ かつ $e \leq 4$ mm	$t \geq t_3$ $e \leq \dfrac{t}{5}$ かつ $e \leq 4$ mm $t \geq t_3$ $e \leq \dfrac{t}{4}$ かつ $e \leq 5$ mm		○	
	アンダーカット	e		完全溶込み溶接 $e \leq 0.3$ mm 全面隅肉溶接 $e \leq 0.3$ mm 側面隅肉溶接 $e \leq 0.5$ mm ただし,上記の数値を超え0.7 mm以下の場合,溶接長さ300 mmあたり総長さが30 mm以下かつ1か所の長さが3 mm以下	完全溶込み溶接 $e \leq 0.5$ mm 全面隅肉溶接 $e \leq 0.5$ mm 側面隅肉溶接 $e \leq 0.8$ mm ただし,上記の数値を超え1 mm以下の場合,溶接長さ300 mmあたり総長さが30 mm以下かつ1か所の長さが5 mm		○	
	溶接組立部材端部の不ぞろい	e		$e \leq 2$ mm	$e \leq 3$ mm			○
	孔の心ずれ	e	設計ボルト心	$e \leq 1$ mm	$e \leq 1.5$ mm			○
	孔相互の間隔	ΔP	$P + \Delta P$	-1 mm $\leq \Delta P \leq 1$ mm	-1.5 mm $\leq \Delta P \leq 1.5$ mm			○
	孔の食違い	e		$e \leq 1$ mm	$e \leq 1.5$ mm			○
	接合部の肌すき	e		$e \leq 1$ mm	$e \leq 1$ mm			○
	孔のはしあきへりあき	Δa	$a + \Delta a$	$\Delta a \geq -2$ mm かつ「鋼構造設計規準」「高力ボルト接合設計施工ガイドブック」の最小縁端距離を満足すること.	$\Delta a \geq -3$ mm かつ「鋼構造設計規準」「高力ボルト接合設計施工ガイドブック」の最小縁端距離を満足すること.			○

[注] 1. H形鋼の精度については JIS G 3192・JIS G 3136 による.
    2. 成績表への記入要領
        A:設計値との差記入, B:適・否を記入, C:記入を省略

表5.4 検査成績表に記録する項目例(つづき)

測定項目			測定位置	管理許容差	限界許容差	成績表への記入要領		
						A	B	C
柱・梁・共通	第1ボルト孔の下がり	S	現場溶接タイプ柱　現場溶接タイプ梁	$-2\,\text{mm} \leqq \Delta S \leqq 2\,\text{mm}$	$-3\,\text{mm} \leqq \Delta S \leqq 3\,\text{mm}$		○	
	接合部の寸法精度および外観						○	
鋼板壁	長　さ 高　さ	L H		$-3\,\text{mm} \leqq \Delta L \leqq 3\,\text{mm}$ $-3\,\text{mm} \leqq \Delta H \leqq 3\,\text{mm}$	$-5\,\text{mm} \leqq \Delta L \leqq 5\,\text{mm}$ $-5\,\text{mm} \leqq \Delta H \leqq 5\,\text{mm}$	○		

[注] 1. H形鋼の精度については JIS G 3192・JIS G 3136 による.
2. 成績表への記入要領
　　A：設計値との差記入，B：適・否を記入，C：記入を省略

表5.5 柱の検査成績表の例
(7項目以外の記録が特記にある場合の記録表例)

〈柱〉鉄骨検査成績表　　No.

図面番号			Z-08C-04		Z-08C-05		Z-08C-06	
製品番号			8C5A		8C5B		8C5C	
検査項目			設計値	差	設計値	差	設計値	差
柱の長さ H		東	9 600	北-3	9 600	西-3	9 600	南-2
階高	h_1	北	3 603	-2	3 600	-1	3 600	-2
		東			3 603	-2	3 603	-1
		南	3 603	-2	3 603	-1	3 603	-1
		西	3 603	-1	3 603	-1	3 600	-2
	h_2	北	4 800	-1	4 800	+2	4 800	-1
		東			4 800	0	4 800	-1
		南	4 800	-1	4 800	0	4 800	0
		西	4 800	0	4 800	0	4 800	0
	h_3	北	1 197	0	1 200	-1	1 200	0
		東			1 197	-2	1 197	-1
		南	1 197	0	1 197	-1	1 197	-1
		西	1 197	0	1 197	-1	1 200	0
仕口部のせい	D_1	北	756	0	750	-1	750	-1
		東			756	0	756	0
		南	756	0	756	0	756	0
		西	756	0	756	0	750	0
	D_2	北	806	-1	800	0	800	0
		東			806	0	806	0
		南	806	-1	806	0	806	0
		西	806	0	806	0	800	0
仕口部の長さ	L_1	北	372	0	1 160	+2	1 160	0
		東			372	0	372	0
		南	372	0	372	0	372	0
		西	372	+1	372	0	1 160	0
	L_2	北	372	+1	1 160	-1	1 160	0
		東			372	0	372	0
		南	372	+1	372	0	372	0
		西	372	0	372	1	1 160	+1
孔下がり寸法	S_1	北	118	0				
		東			118	0	118	0
		南	118	+1	118	0	118	0
		西	118	+1	118	0		
	S_2	北	118	0				
		東			118	0	118	0
		南	118	0	118	0	118	0
		西	118	+1	118	0		
柱せい	W_2(柱頭)	東西	650	0	650	0	650	0
		南北	650	-1	650	-1	650	-1
	W_1(柱脚)	東西	650	+2	650	+1	650	0
		南北	650	+1	650	0	650	0
曲がり			適		適		適	
ねじれ			適		適		適	
仕口部の角度			適		適		適	
溶接	アンダーカット		適		適		適	
	割れ		無		無		無	
	仕口のずれ・食違い		適		適		適	
	その他外観		適		適		適	
	パス間温度・入熱量		適		適		適	
摩擦面の状態			適		適		適	
部材取合い			適		適		適	
検査日・検査員			H25/02/22 ○○		H25/02/23 ○○		H25/02/22 ○○	
検査結果			合格		合格		合格	

測定位置基準図

角形鋼管柱のせいは
△印R止まりの位置間とする

※溶接項目でその他外観の項目以外は、建築基準法に定められている項目として表記している。具体的には工事ごとに関係者間で協議の上決めるのが望ましい。

5章 記　　録

表5.6　梁の検査成績表の例
（7項目以外の記録が特記にある場合の記録表例）

〈梁〉鉄骨検査成績表　　　　No.

図面番号		Z-15G-14		Z-15G-15		Z-15G-16		Z-15G-17		Z-15G-18	
製品番号		15G7E		15G8E		15G9E		15GF2		15GF3	
検査項目		設計値	差	設計値	差	設計値	差	設計値	差	設計値	差
梁の長さ L		13 631	−2	13 631	+2	13 631	−2	1 941	+1	1 941	0
梁のせい	D_1	850	0	850	−1	850	0	750	0	750	0
	D_2	850	0	850	0	850	+1	750	0	750	0
その他測定位置	l_1	4 562	−2	4 562	+1	4 562	+1				
	l_2	4 562	+1	4 562	−1	4 562	−1				
	b_1	1 160	−1	1 160	0	1 160	0				
	b_2	1 160	0	1 160	0	1 160	0				
	X_1	4 705	−2	4 705	−1	4 705	+3				
	X_2	4 704	−3	4 705	+1	4 704	−2				
	X_3	9 145	+2	9 145	−3	9 145	−1				
	X_4	9 145	+2	9 145	−2	9 145	+1				
	d_1	488	0	488	0	488	0				
	d_2	488	−1	488	0	488	0				
曲がり		適		適		適		適		適	
摩擦面の状態		適		適		適		適		適	
溶接	アンダーカット	適		適		適		—		—	
	割れ	無		無		無		—		—	
	仕口のずれ・食違い	適		適		適		—		—	
	その他外観	適		適		適		—		—	
	パス間温度・入熱量	適		適		適		—		—	
部材取合い		適		適		適		適		適	
検査日・検査員		H25/02/22 ○○		H25/02/23 ○○		H25/02/22 ○○		H25/02/24 ○○		H25/02/24 ○○	
検査結果		合格		合格		合格		合格		合格	

測定位置基準図

※溶接項目でその他外観の項目以外は，建築基準法に定められている項目として表記している．具体的には工事ごとに関係者間で協議の上決めるのが望ましい．

5.5 工事現場

鉄骨工事の工事現場作業で最初に行うことは,コンクリートを打設する前と後のアンカーボルト位置の柱心墨からのずれ量の測定と,柱据え付け面の高さの測定である.アンカーボルトの位置については,おのおののアンカーボルト位置が許容差以内となることと同時に,ベースプレート型板にすべてのアンカーボルトが入ることが必要である.以下に主な項目についての記録要領を示す.

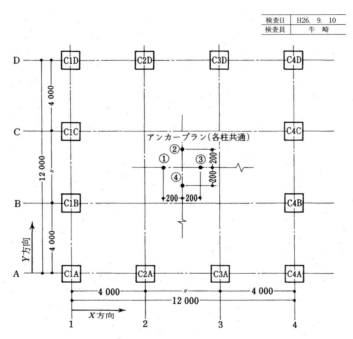

(単位:mm)

柱符号 / アンカーボルト番号			C 1A				C 2A				C 3A				C 4A				C 1B				C 4B			
			1	2	3	4	1	2	3	4	1	2	3	4	1	2	3	4	1	2	3	4	1	2	3	4
コンクリート打込み後	X方向		-2	-2	-2	-2	-3	-3	-3	-3	0	0	0	0	0	0	0	0	-2	-2	-3	-2	0	0	0	0
	Y方向		+3	+4	+3	+3	+5	+4	+4	+4	0	0	0	0	0	0	0	0	+3	+2	+4	+3	0	0	0	0
修正後	X方向		-2	-2	-2	-2	-3	-3	-3	-3	0	0	0	0	0	0	0	0	-2	-2	-3	-2	0	0	0	0
	Y方向		+3	+1	+3	+3	+1	0	0	+1	0	0	0	0	0	0	0	0	+3	+2	0	+3	0	0	0	0

柱符号 / アンカーボルト番号			C 1C				C 4C				C 1D				C 2D				C 3D				C 4D			
			1	2	3	4	1	2	3	4	1	2	3	4	1	2	3	4	1	2	3	4	1	2	3	4
コンクリート打込み後	X方向		-3	-3	-2	-2	0	0	0	0	-5	-4	-5	-3	+4	+3	+3	+5	+6	+5	+5	+5	-3	-3	-3	-3
	Y方向		+2	+3	+2	+2	0	0	0	0	+1	+1	+2	+2	+2	+2	+3	+2	+4	+2	-3	-3	0	0	0	0
修正後	X方向		-3	-3	-2	-2	0	0	0	0	-1	-1	-3	+1	+3	+3	0	+1	+1	+1	0	-3	-3	-3	-3
	Y方向		+2	+3	+2	+2	0	0	0	0	+1	+1	+2	+2	+2	+2	+3	+2	+1	+2	-3	-3	0	0	0	0

図5.1 アンカーボルト位置検査表の例

（1）各柱についてベースプレート型板にすべてのアンカーボルトが入ることを確認すると同時に，アンカーボルト位置の柱心墨からのずれ量をX方向およびY方向について測定し記録する．また，柱据え付け面の高さも，ベースモルタルなど据え付け面の調整後に測定した数値を，柱キープランなどに記録するとよい．〔図5.1参照〕

（2）工事現場継手階の階高と梁の水平度は，測定を必要とする場合，測定した結果を平面的な表示で記録するとよい．

（3）高層建築物の場合，高さについては途中階でレベル調整が必要となる場合が多く，図5.2のように測定結果を記録するとよい．

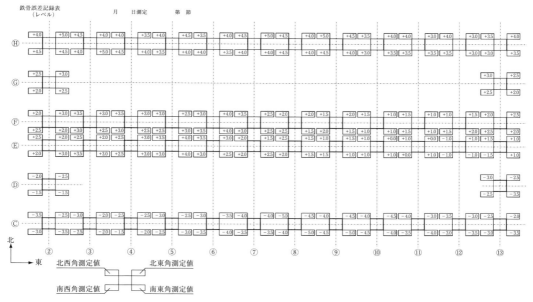

図5.2 アンカーボルト位置検査

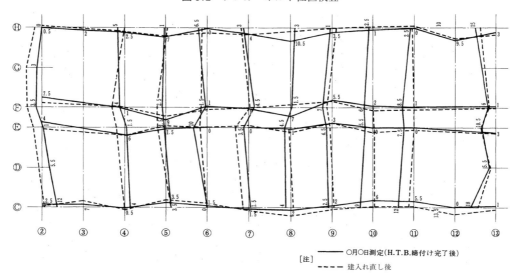

図5.3 柱頭部変位図（平面）の例

（4） 建物の倒れの記録方法は，図5.3のように柱頭の通り心からのずれ量を平面図的に表示し，節ごとの測定データを図5.4のように軸組図的に集計すると，各節および建物全体の倒れの傾向をつかむことができる．

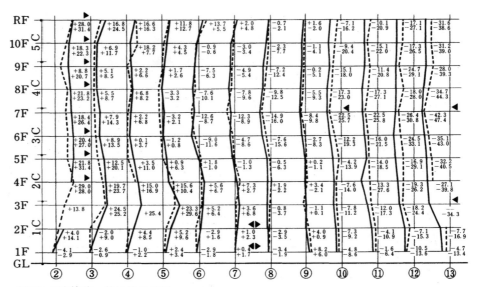

A建物の溶接前・後の柱の位置
---- 溶接開始前（上段の数値）， —— 溶接完了後（下段の数値） （mm）

図5.4 建物の最終変位図（立面）の例

付　　　録

付1. JIS B 0601：2013 製品の幾何特性仕様(GPS)―表面性状：輪郭曲線方式―用語，定義及び表面性状パラメータ （抜粋）

1. **適用範囲** この規格は，輪郭曲線方式による表面性状(粗さ曲線，うねり曲線及び断面曲線)を表すための用語，定義及び表面性状パラメータについて規定する．

3. **用語及び定義**

3.1 **一般用語**

3.1.1 **輪郭曲線フィルタ（profile filter）** 輪郭曲線の波長成分を長波長成分と短波長成分とに分離するフィルタ．

> 注記 粗さ曲線，うねり曲線及び断面曲線を測定するために，測定機では，3.1.1.1～3.1.1.3 に示す3種類のフィルタを用いる（図1参照）．これらはすべて，JIS B 0632 で定義された振幅伝達特性をもつが，カットオフ値が異なる．

3.1.1.1 **λs 輪郭曲線フィルタ（λs profile filter）** 粗さ成分とそれより短い波長成分との境界を定義するフィルタ（図1参照）．

3.1.1.2 **λc 輪郭曲線フィルタ（λc profile filter）** 粗さ成分とうねり成分との境界を定義するフィルタ（図1参照）．

3.1.1.3 **λf 輪郭曲線フィルタ（λf profile filter）** うねり成分とそれより長い波長成分との境界を定義するフィルタ（図1参照）．

3.1.2 **座標系（coordinate system）** 表面性状パラメータを定義する座標系．

> 注記 平均線に一致する触針の測定方向を X 軸，X 軸に直角で実表面上の軸を Y 軸及び外側方向（物体側から周囲の空間側への方向）を Z 軸とする右手直交座標系が一般に用いられる．この規格では，右手直交座標系を用いる．

3.1.3 **実表面（real surface）** 周囲の空間から分離する物体の境界表面．

3.1.4 **実表面の断面曲線（surface profile）** 実表面を指定された平面によって切断したとき，その切り口に現れる曲線（図2参照）．

> 注記 切断する平面は，実表面に垂直で任意の方向とするのが一般的である．

3.1.5 **断面曲線（primary profile）** 測定断面曲線にカットオフ値 λs の低域フィルタを適用して得られる曲線（JIS B 0651）．

> 注記 1. 断面曲線は，断面曲線パラメータの評価の基礎となるものである．
> 注記 2. 測定断面曲線は，縦軸及び横軸からなる座標系において，基準線を基にして得られたディジタル形式の測定曲線である（JIS B 0651 参照）．

3.1.6 **粗さ曲線（roughness profile）** カットオフ値 λc の高域フィルタによって，断面曲線から長波長成分を遮断して得た輪郭曲線．この輪郭曲線は，意図的に修正された曲線である（図1参照）．

> 注記 1. 粗さ曲線用の帯域通過フィルタは，カットオフ値 λs 及びカットオフ値 λc の輪郭曲線フィルタによって定義される ［JIS B 0632 の 2.6（輪郭曲線の通過帯域）及び 3.2（振幅伝達特性）参照］．
> 注記 2. 粗さ曲線は，粗さパラメータの評価の基礎となるものである．

注記 3. λs 及び λc の標準的な関係は，JIS B 0651 の 4.4（粗さ曲線用カットオフ値 λc．触針先端半径 r_{tip} 及びカットオフ比 $\lambda c/\lambda s$ の関係）による．

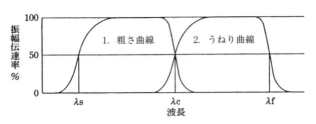

図1　粗さ曲線及びうねり曲線の伝達特性

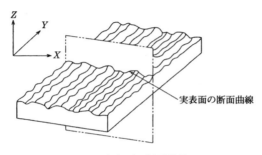

図2　実表面の断面曲線

3.1.7　うねり曲線（waviness profile）　断面曲線にカットオフ値 λf 及び λc の輪郭曲線フィルタを順次適用することによって得られる輪郭曲線．λf 輪郭曲線フィルタによって長波長成分を遮断し，λc 輪郭曲線フィルタによって短波長成分を遮断する．この輪郭曲線は，意図的に修正された曲線である．

注記 1. うねり曲線を分離するための λf 輪郭曲線フィルタを適用する前に，測定断面曲線から呼び形状を最小二乗法によって除去しておかなければならない．呼び形状が円の場合には，半径は，最小二乗法における最適化条件に含め，呼び値に固定しないことが望ましい．うねり曲線を分離する手順は，理想的なオペレータによる．

オペレータとは，不確かさの概念を導入するために，形体を求めるのに必要な測定原理，測定方法，測定条件，データ処理など一連のものを順序に従って並べてまとめたものである．理想的なオペレータとは，測定機器及び量子化されたデータなどに誤差がなく，離散化されたデータの数も無限に大きいなど，理論的に正確なオペレータをいう．"半径は，最小二乗法における最適化条件に含め" の意味は，最小二乗法によって，データに最も当てはまる円の半径を求めることである．

注記 2. うねり曲線用の帯域通過フィルタは，カットオフ値 λc 及び λf の輪郭曲線フィルタによって定義される［JIS B 0632 の 2.6 及び 3.2 参照］．

注記 3. うねり曲線は，うねりパラメータの評価の基礎となるものである．

3.1.8　平均線に関する用語

3.1.8.1　粗さ曲線を求めるための平均線（mean line for the roughness profile）　高域（ハイパス）用 λc 輪郭曲線フィルタによって遮断される長波長成分を表す曲線（JIS B 0632 の 3.2 参照）．

3.1.8.2　うねり曲線を求めるための平均線（mean line for the waviness profile）　低域（ローパ

ス）用 λf 輪郭曲線フィルタによって遮断される長波長成分を表す曲線（JIS B 0632 の 3.2 参照）．

3.1.8.3　断面曲線を求めるための平均線（**mean line for the primary profile**）　最小二乗法によって断面曲線に当てはめた呼び形状を表す直線．

3.1.9　基準長さ *lp, lr, lw*（**sampling length**）　輪郭曲線の特性を求めるために用いる輪郭曲線の X 軸方向長さ．

　　注　記　粗さ曲線用の基準長さ lr 及びうねり曲線用の基準長さ lw は，それぞれ輪郭曲線フィルタのカットオフ値 λc 及び λf に等しい．断面曲線用の基準長さ lp は，評価長さ ln に等しい．

3.1.10　評価長さ *ln*（**evaluation length**）　輪郭曲線の X 軸方向長さ．

　　注　記　1．評価長さは，一つ以上の基準長さを含む．
　　注　記　2．評価長さの標準値については，JIS B 0633 の 4.4（評価長さの標準値）参照．JIS B 0633 は，うねりパラメータのための標準的な評価長さは規定していない．

3.2　パラメータに関する用語

3.2.1　断面曲線パラメータ（*P*-**parameter**）　断面曲線から求められたパラメータ．

3.2.2　粗さパラメータ（*R*-**parameter**）　粗さ曲線から求められたパラメータ．

3.2.3　うねりパラメータ（*W*-**parameter**）　うねり曲線から求められたパラメータ．

　　注　記　箇条 4 で定義されるパラメータは，該当する輪郭曲線から求められる．パラメータ記号の最初の大文字は，輪郭曲線の種類を表す．例えば，Ra は粗さ曲線から求められ，P_t は断面曲線から求められる．

3.2.4　山（**profile peak**）　輪郭曲線を X 軸（平均線）によって切断したときの隣り合う二つの交点にはさまれた曲線部分のうち，平均線より上側（物体から空間側への方向）の部分．

3.2.5　谷（**profile valley**）　輪郭曲線を X 軸（平均線）によって切断したときの隣り合う二つの交点にはさまれた曲線部分のうち，平均線より下側（周囲の空間から物体側に向かう方向）の部分．

3.2.6　高さ及び／又は横方向長さの最小識別値（**height and/or spacing discrimination**）　輪郭曲線の山及び谷と判断するための最小高さ及び最小長さ．

　　注　記　一般に，山及び谷と判断する高さは，Pz, Rz, Wz のパーセント値によって規制し，横方向の最小長さは，基準長さのパーセント値によって規制する．

3.2.7　輪郭曲線要素（**profile element**）　山とそれに隣り合う谷からなる曲線部分（図 3 参照）．

　　注　記　基準長さの輪郭曲線の始点又は終点において，正又は負の部分（平均線より上側又は下側にある部分）は，山又は谷とみなす．連続する幾つかの基準長さにわたって輪郭曲線要素の数を求める場合には，基準長さの始点又は終点における山及び谷は，各基準長さの始点で 1 回だけ考慮する．

3.2.8　縦座標値 $Z(x)$（**ordinate value**）　任意の位置 x における輪郭曲線の高さ．

　　注　記　高さの符号は，X 軸（平均線）の下側を負，上側を正とする．

3.2.10　輪郭曲線の山高さ *Zp*（**profile peak height**）　X 軸（平均線）から山頂までの高さ（図 3 参照）．

3.2.11　輪郭曲線の谷深さ *Zv*（**profile valley depth**）　X 軸（平均線）から谷底までの深さ（図 3 参照）．

3.2.12　輪郭曲線要素の高さ *Zt*（**profile element height**）　一つの輪郭曲線要素における山高さと谷深さとの和（図 3 参照）．

3.2.13 輪郭曲線要素の長さ Xs (profile element width)　輪郭曲線要素によって切り取られた X 軸の線分の長さ（図3参照）．

3.2.14 レベル c における輪郭曲線の負荷長さ $Ml(c)$ (material length of profile at the level c)

X 軸（平均線）に平行なレベル（以下，切断レベルという．）c の直線によって切断された輪郭曲線要素の実体側の長さの和（図5参照）．

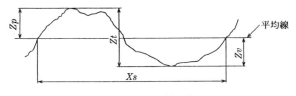

図3　輪郭曲線要素

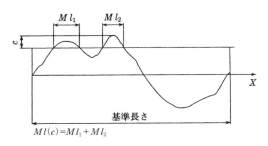

図5　輪郭曲線の実体側の長さ

4. 輪郭曲線（断面曲線，粗さ曲線，うねり曲線）パラメータ

4.1 山及び谷の高さパラメータ

4.1.3 輪郭曲線の最大高さ (maximum height of profile)　基準長さにおける輪郭曲線の山高さ Zp の最大値と谷深さ Zv の最大値との和（図8参照）．

断面曲線の最大高さ Pz，最大高さ粗さ Rz 及び最大高さうねり Wz がある．

> 注　記　ISO 4287：1984 では，記号 Rz は"十点平均粗さ"を指示するために使われていた．我が国を含む幾つかの国では，JIS B 0601：1994 の Rz を測定する表面粗さ測定機が使用されている．JIS B 0601：2013 と JIS B 0601：1994 による測定値の差が，無視できるほど小さいとは限らないので，既に発行されている文書情報及び図面を用いる場合には，注意しなければならない．

付1. JIS B 0601 製品の幾何特性仕様(GPS)―表面性状：輪郭曲線方式―用語，定義及び表面性状パラメータ ―157―

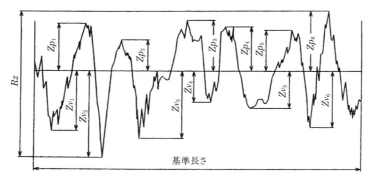

図8 輪郭曲線の最大高さ（粗さ曲線の例）

付2. JIS B 7502 : 2016 マイクロメータ （抜粋）

1. **適用範囲** この規格は，アナログ表示，機械式デジタル表示又は電子式デジタル表示の外側マイクロメータ，棒形内側マイクロメータ，歯厚マイクロメータ及びマイクロメータヘッド（以下，特に区別する必要がない場合は，単にマイクロメータという.）について規定する.

3. **用語及び定義** この規格で用いる主な用語及び定義は，JIS B 0641-1，JIS B 0642 及び JIS Z 8103 によるほか，次による.

3.1 **外側マイクロメータ** 固定されたアンビルに対して，ねじ機構によって相対的に移動する測定面をもつスピンドルを備え，そのスピンドルの移動量に基づき，測定対象物の外側寸法を測ることができる測定器.

    注記 1. スピンドルの案内部とアンビルとは，フレームによって固定される.
    注記 2. 外側マイクロメータは，アンビル，スピンドル及びねじ機構部を一直線上に配置している.

3.5 **測定面接触** 測定面と測定対象物との接触.

3.5.1 **全測定面接触** 測定面の全面と測定対象物との接触.

3.5.2 **部分測定面接触** 測定面の一部と測定対象物との接触.

3.6 **指示誤差** マイクロメータの指示値から対応する入力量としての真の値を差し引いた値.

    注記 真の値は，決定できないため，実際には取決めによる真の値を用いる.

4. **設計仕様（設計特性）**

4.1 **一般** マイクロメータの一般的な設計仕様（設計特性）は，製造業者（又は供給業者）が別に指定する場合を除き，この規格の要求に従わなければならない.

    注記 使用者に情報を提供する場合の仕様表示例を，附属書Cに示す.

4.2 **主要部の名称** マイクロメータの形状による区分ごとの主要部の名称は，表1による.

なお，図は単に主要部の名称を示すものであって，設計の詳細を示すものではない.

表1 マイクロメータの名称

区　　分	主要部の名称
外側マイクロメータ	図1
内側マイクロメータ	図2
歯厚マイクロメータ	図3
マイクロメータヘッド	図4

付2. JIS B 7502 マイクロメータ —159—

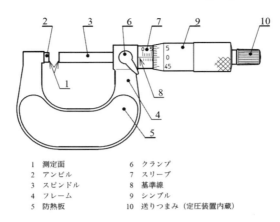

1	測定面	6	クランプ
2	アンビル	7	スリーブ
3	スピンドル	8	基準線
4	フレーム	9	シンブル
5	防熱板	10	送りつまみ（定圧装置内蔵）

図1　外側マイクロメータの主要部の名称

4.3　寸　　　法　マイクロメータの主要な形状及び寸法は，次による．
a) 外側マイクロメータは，表2による．

表2　外側マイクロメータの各部の形状及び寸法

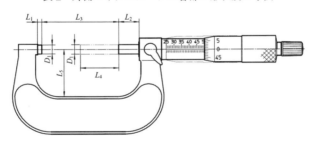

寸法	呼び値
アンビルの長さ L_1	—
スピンドルを最大測定長まで後退させたときの長さ L_2	—
最大測定長 L_3	—
測定範囲内のスピンドル最大移動長さ L_4	25 mm [a]
フレームの深さ L_5 [b]	—
スピンドル及びアンビルの直径 D_1	6.35 mm, 6.5 mm, 7.5 mm, 8 mm [a]

注記　D_1，L_1 及び L_2 の寸法は，測定面に取り付けられる附属品の互換性において重要である．
注 [a] 製造業者の裁量で，他の寸法にすることもできる．
　　[b] 通常，L_5 は，最大測定長の値に等しい直径をもつ円筒の測定が可能となるようにする．

4.5 表示方式

4.5.1 一般 表示方式は,次による.

a) アナログ表示
b) 機械式デジタル表示
c) 電子式デジタル表示

アナログ表示のマイクロメータは,目量及びその単位を記載しなければならない.

デジタル表示のマイクロメータは,表示の単位を記載しなければならない.

注記 アナログ表示及びデジタル表示の両方を備えてもよい.

4.5.2 アナログ表示

4.5.2.1 一般 スピンドルは,ねじのピッチが0.5 mm又は1 mmとする.ピッチが0.5 mmのスピンドルを備えたマイクロメータの場合,スリーブ上の0.5 mmの目盛線及び1 mmの目盛線は,それぞれ基準線の上及び下に配置することで明確に区別する.シンブルの目盛は,50(0.5 mmピッチ)又は100(1 mmピッチ)の目盛線をもち,目量は0.01 mmとする.

4.5.2.2 目盛形状 スリーブ及びシンブルの目盛形式は,特に指定がない限り,表6及び図7による.

表6 目盛形式

(単位:mm)

ねじのピッチ	シンブル	スリーブ
0.5	50分割	目量0.5
1.0	100分割	目量1.0

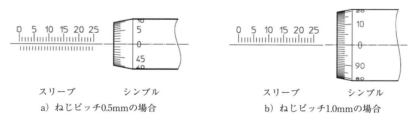

a) ねじピッチ0.5mmの場合　　b) ねじピッチ1.0mmの場合

図7 目盛形式(測定範囲0~25 mmの場合)

4.5.3 機械式デジタル表示 機械式デジタル表示の例を図9に示す.機械式デジタル表示の最小表示量は,0.01 mm又は0.001 mmとする.表示する数字と背景とは,コントラストをはっきりとさせなければならない.

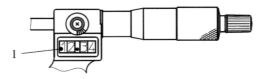

1 機械式デジタル表示

図9 機械式デジタル表示の例

4.5.4 電子式デジタル表示

4.5.4.1 一般 電子式デジタル表示の例を図10に示す．電子式デジタル表示の最小表示量は，0.01 mm 又は 0.001 mm とする．

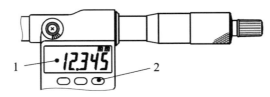

1 電子式デジタル表示
2 設定ボタン

図10 電子式デジタル表示の例

5. 計測特性及び性能

5.1 一般 この規格で規定するマイクロメータの計測特性及び性能は，基点合わせを最小測定長で行う場合にだけ適用する．マイクロメータの計測特性及び性能は，適切な機器及び不確かさが明確な標準器，例えば，JIS B 7506 に規定するブロックゲージなどによって測定することができる．測定は，測定範囲内全域のマイクロメータの計測特性及び性能を評価できるものでなければならない．

注記 1. 使用上の注意を，附属書Bに示す．
注記 2. 使用者に情報を提供するときの仕様表示例を，附属書Cに示す．

5.2 計測特性

5.2.1 スピンドルの固定 スピンドルをクランプ装置などによって固定する場合（クランプ装置を備えている場合），スピンドルは確実に固定でき，指示値の変化は 2 μm を超えてならない．

5.2.2 指示値の最大許容誤差（MPE）

5.2.2.1 一般 指示誤差の特性は，5.1に示した基点合わせに基づく任意の指示値に適用する．指示誤差の許容値は，最大許容誤差（MPE）によって制限される．

なお，繰返し精密度（5.2.2.3）は，製造業者（又は供給業者）が，設計仕様（設計特性）から必要と判断した場合にだけ適用する．

注記 指示誤差の特性の記号及びそれに対応する表示を，附属書JAに示す．

5.2.2.2 全測定面接触誤差 J（最大許容誤差 J_{MPE}）

a) 全測定面接触による指示値の最大許容誤差

全測定面接触による指示値の最大許容誤差は，次による．

全測定面接触誤差は，測定範囲の任意の位置で全測定面接触（3.5.1）した場合の指示誤差をいい，マイクロメータの全測定面接触による指示値の最大許容誤差 J_{MPE} は，表8による．

表8 全測定面接触による指示値の最大許容誤差 J_{MPE}

(単位：μm)

測定範囲（mm）	外側マイクロメータ	内側マイクロメータ	歯厚マイクロメータ	マイクロメータヘッド
0～ 25	±2	—	±4	±2
25～ 50				
50～ 75		±4	±6	
75～100	±3			
100～125		±5	±7	
125～150				
150～175	±4	±6	±8	
175～200				
200～225				
225～250	±5		±9	
250～275		±7		—
275～300				
300～325	±6			
325～350				
350～375		±8		
375～400	±7		—	
400～425				
425～450		±9		
450～475	±8			
475～500				

この表以外の測定範囲をもつマイクロメータの J_{MPE} は，受渡当事者間の協定による．

5.3 性　　能

5.3.1 マイクロメータの性能

5.3.1.1 外側マイクロメータ　外側マイクロメータの性能は，5.3.2.1〜5.3.2.3 及び 5.3.2.5 によって測定したとき，表10 による．

表10　外側マイクロメータの性能

(単位：μm)

測定範囲 (mm)	測定面の 平面度	測定面の 平行度	スピンドルの 送り誤差	10 N 当たりの フレームのたわみ
0〜 25	0.6	2	3	2
25〜 50				
50〜 75				3
75〜100		3		
100〜125				4
125〜150				5
150〜175				6
175〜200		4		
200〜225				7
225〜250				8
250〜275				
275〜300		5		9
300〜325	1			10
325〜350				
350〜375				11
375〜400		6		12
400〜425				
425〜450				13
450〜475				14
475〜500		7		15

この表以外の測定範囲をもつマイクロメータの性能は，受渡当事者間の協定による．

付3. JIS B 7507：2016　ノギス　（抜粋）

1. **適用範囲**　この規格は，バーニヤ目盛又はダイヤル目盛を備えたアナログ表示のノギス，及びデジタル表示のノギスについて規定する．

3. **用語及び定義**　この規格で用いる主な用語及び定義は，JIS B 0641-1，JIS B 0642 及び JIS Z 8103 によるほか，次による．

3.1 **ノギス**　本尺上の測定目盛に沿って動くスライダの移動量を基準として，内側又は外側の寸法量評価を与える測定器．

　なお，本尺は固定ジョウをもち，スライダは測定ジョウをもつ．

　　注記 1.　本尺端部の深さ用測定面及びデプスバーを備えたノギスは，深さ測定にも使用できる．

　　注記 2.　指示値の表示は，アナログ（バーニヤ目盛又はダイヤル目盛）表示又はデジタル表示がある．デジタルデータの出力に関しては，4.4.3に示す．

3.2 **測定面接触**　測定面と測定対象物との接触．

3.2.1 **全測定面接触**　測定面の全面と測定対象物との接触．

3.2.2 **部分測定面接触**　測定面の一部と測定対象物との接触．

3.2.3 **測定直線接触**　測定面におけるジョウの長さ方向と垂直な線と測定対象物との接触．

　　注記　測定面又は測定対象物の形状偏差は，測定面接触の定義に含まない．

3.3 **指示誤差**　ノギスの指示値から対応する入力量としての真の値を差し引いた値．

　　注記　真の値は，決定できないため，実際には取決めによる真の値を用いる．

4. **設計仕様（設計特性）**

4.1 **一般**　ノギスの一般的な設計仕様（設計特性）は，製造業者（又は供給業者）が別に指定する場合を除き，この規格の要求に従わなければならない．

　　注記　使用者に情報を提供する場合の仕様表示例を，附属書Bに示す．

4.2 **主要部の名称**　ノギスは，次のM形ノギス及びCM形ノギスとし，主要部の名称は，図1及び図2による．

　なお，図は単に主要部の名称を示すものであって，設計の詳細を示すものではない．

a)　M形ノギス　外側用ジョウと独立した内側用ジョウとをもつ構造で，微動装置付きのものもある．最大測定長 300 mm 以下のものには，深さ測定用のデプスバーを備えたものもある．

b)　CM形ノギス　同一のジョウに外側用測定面及び内側用測定面をもつ構造で，微動装置付きのものもある．

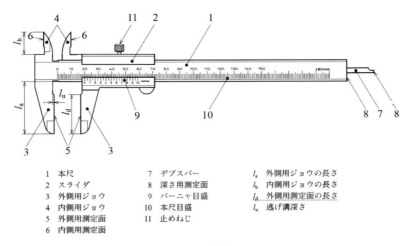

1 本尺	7 デプスバー	l_a 外側用ジョウの長さ
2 スライダ	8 深さ用測定面	l_b 内側用ジョウの長さ
3 外側用ジョウ	9 バーニヤ目盛	l_d 外側用測定面の長さ
4 内側用ジョウ	10 本尺目盛	l_u 逃げ溝深さ
5 外側用測定面	11 止めねじ	
6 内側用測定面		

図1　M形ノギス

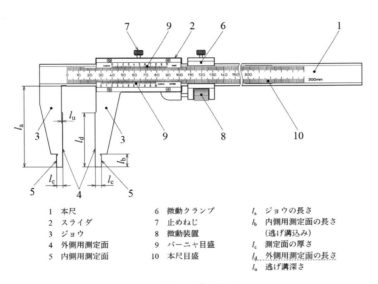

1 本尺	6 微動クランプ	l_a ジョウの長さ
2 スライダ	7 止めねじ	l_b 内側用測定面の長さ
3 ジョウ	8 微動装置	（逃げ溝込み）
4 外側用測定面	9 バーニヤ目盛	l_c 測定面の厚さ
5 内側用測定面	10 本尺目盛	l_d 外側用測定面の長さ
		l_u 逃げ溝深さ

図2　CM形ノギス

4.3 寸　　　法　寸法は，次による．

a) ノギスの構成部品の寸法は，通常，表1による．
なお，微動装置付きのものでは，その微動装置の長さの分，最大測定長が小さくなってもよい．

b) 逃げ溝深さ l_u は，可能な限り小さくすることが望ましい．

c) CM形ノギスの内側用測定面の形状は，測定面の厚さ l_c を超えない半径をもつ円など，内側を正確に測定できる形状であることが望ましい．

d) デプスバーの断面寸法は，1.2 mm×3 mm 以上，又は φ1.5 mm 以上であることが望ましい．

e) 表示の個別の寸法は，4.4による．

表1 ノギスの寸法

(単位:mm)

最大測定長[a]	M形ノギス			CM形ノギス			
	l_a	l_b	l_d	l_a	l_b	l_c	l_d
100	40 以下	20 以下	20 以上	—	—	5	—
150 (130)[b]				50 以下	10 以上	5	30 以上
200 (180)[b]	50 以下	25 以下	30 以上	60 以下	15 以上	5	40 以上
250 (230)[b]	65 以下	30 以下	40 以上	75 以下	20 以上	5	50 以上
300 (280)[b]						5 又は 10	
400						5 又は 10	
450	95 以下	40 以下	50 以上	105 以下	25 以上	5 又は 10	60 以上
500						10	
600						10 又は 20	
1 000	130 以下	60 以下	80 以上	140 以下	30 以上	10 又は 20	90 以上

この表以外の最大測定長を適用する場合の各部の寸法は,受渡当事者間の協定による
注 a) 最大測定長は,外側測定の寸法を示す.
 b) 最大測定長の括弧内の数値は,微動装置付きのものを示す.

4.4 表示方式

4.4.1 一般 ノギスの表示は,バーニャ目盛又はダイヤル目盛を備えたアナログ表示,又はデジタル表示とする.

アナログ表示のノギスは,目量又は最小読取値,及びその単位を表示しなければならない.

デジタル表示のノギスは,表示値の単位を表示しなければならない.

4.4.2 アナログ表示

4.4.2.1 一般 バーニャ目盛を備えたノギスの場合,本尺目盛の目幅は1mmとする.本尺目盛はノギスの最大測定長より,少なくともバーニャ目盛の長さ一つ分長い範囲まで,目盛がなければならない.

ダイヤル目盛を備えたノギスの場合,本尺目盛の目幅は1mm又は2mmとすることが望ましい.

4.4.2.2 バーニャ目盛及び本尺目盛 バーニャ目盛を備えたアナログ表示の最小読取値は,0.1 mm,0.05 mm又は0.02 mmとする.例を,図3に示す.

1 本尺目盛
2 バーニャ目盛

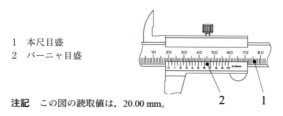

注記 この図の読取値は,20.00 mm.

図3 バーニャ目盛を備えたアナログ表示の例

4.4.2.5 ダイヤル目盛及び本尺目盛　ダイヤル目盛を備えたアナログ表示の目量は，0.1 mm，0.05 mm，0.02 mm 又は 0.01 mm とする．本尺目盛は本尺に表示し，ダイヤル目盛はスライダに配置する．ダイヤル目盛には，目量及びその単位を記載しなければならない．例を，図 11 に示す．

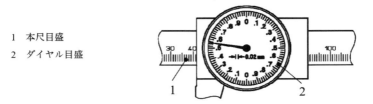

1　本尺目盛
2　ダイヤル目盛

注記　この図の読取値は，41.55 mm。
図 11　ダイヤル目盛を備えたアナログ表示の例

4.4.3　デジタル表示　デジタル表示の最小表示量は，0.01 mm とする．例を，図 12 に示す．

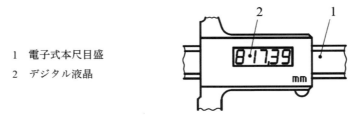

1　電子式本尺目盛
2　デジタル液晶

図 12　デジタル表示の例

　指示値を測定データとして出力する機能をもつ場合は，そのデータ出力プロトコル（インタフェース）について，製品文書などに詳しく記載する．また，デジタル表示のノギスは，高速でのスライダ移動によって誤った指示値を示すおそれがある場合，又は電源電圧が低下した場合，エラーメッセージなどの異常を表示する機能を備えていなければならない．

5.　計測特性及び性能

5.1　一　　般　バーニャ目盛を備えたノギスは，固定された基点をもたなければならない．デジタル表示のノギスは，測定範囲内の任意の位置で基点合わせができるものとする．また，ダイヤル目盛を備えたノギスは，ダイヤルの範囲内で基点合わせができるものとする．

　この規格で規定するノギスの計測特性及び性能は，基点合わせを外側用測定面が互いに接触した状態で行う場合にだけ適用する．ノギスの計測特性及び性能は，適切な機器及び不確かさが明確な標準器，例えば，JIS B 7506 に規定するブロックゲージ，ステップブロック，リングゲージなどを用いて測定することができる．測定は，測定範囲内全域のノギスの計測特性及び性能を評価できるものでなければならない．

　　注　記　1．真直度，測定面の平面度及び平行度に対する要求事項は，それぞれ単独では規定しないが，

これらは指示誤差に含まれる．
注記 2. 使用上の注意を，附属書Aに示す．
注記 3. 使用者に情報を提供する場合の仕様表示例を，附属書Bに示す．

5.2 スライダの固定 スライダを止めねじなどによって固定する場合，指示値は次の条件を満たさなければならない．

― アナログ表示のノギスの場合，指示値は変化しない．

― デジタル表示のノギスの場合，指示値の変化は2デジタルステップを超えてはならない．

5.3 指示値の最大許容誤差（MPE）

5.3.1 一 般 指示誤差の特性は，5.1に示した基点合わせに基づく任意の指示値に適用する．

指示誤差の許容値は，最大許容誤差（MPE）によって制限される．

なお，部分測定面接触誤差（5.3.2）及びスケールシフト誤差（5.3.4）は必ず適用するが，それ以外の項目は，製造業者（又は供給業者）が設計仕様（設計特性）から，必要と判断した項目にだけ適用する．

注記 指示誤差の特性の記号及びそれに対応する表示を，附属書JAに示す．

5.3.2 部分測定面接触誤差 E（最大許容誤差 E_{MPE}） 部分測定面接触誤差は，部分測定面接触（3.2.2）の場合の指示誤差とし，外側測定に適用する．

部分測定面接触による指示値の最大許容誤差 E_{MPE} は，表5による．

表5 部分測定面接触による指示値の最大許容誤差 E_{MPE}

（単位：mm）

測定長		目量，最小表示量又は最小読取値	
		0.1 又は 0.05	0.02 又は 0.01
50 以下		±0.05	±0.02
50 を超え	100 以下	±0.06	±0.03
100 を超え	200 以下	±0.07	
200 を超え	300 以下	±0.08	±0.04
300 を超え	400 以下	±0.09	
400 を超え	500 以下	±0.10	±0.05
500 を超え	600 以下	±0.11	
600 を超え	700 以下	±0.12	±0.06
700 を超え	800 以下	±0.13	
800 を超え	900 以下	±0.14	±0.07
900 を超え	1 000 以下	±0.15	

この表以外の測定長をもつノギスの E_{MPE} は，受渡当事者間の協定による．
注記 E_{MPE} に，真直度，測定面の平面度及び平行度によって生じる測定誤差を含む．

部分測定面接触誤差は,測定範囲内の任意の位置の,ジョウに沿った異なる位置で,例えば,ブロックゲージなどの小さな面をもつ標準器を用いて測定する〔図13参照〕.
　　注　記　1.　部分測定面接触誤差は,例えば,外側用ジョウの測定位置,測定範囲(本尺のたわみ),スライダと本尺との隙間,ジョウの長さなどのノギスの測定条件の影響を受ける.
　　注　記　2.　目盛誤差だけでなく,ジョウの測定面の平行度及び形状偏差も含まれる.

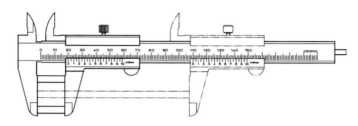

図13　部分測定面接触誤差の測定

部分測定面接触誤差の測定方法は,表6による.

表6　ノギスの部分測定面接触誤差の測定方法

項　目	測定方法	図
部分測定面接触誤差	外側用測定面に規定するブロックゲージ又はそれと同等以上のゲージ類を扶み,測定面の先端側で測定し,ノギスの指示値からゲージの寸法を減じて求める.	ブロックゲージ

5.3.4　スケールシフト誤差 S（最大許容誤差 S_{MPE}）　スケールシフト誤差は,全測定面接触(3.2.1)で,内側測定,深さ測定などの外側用測定面以外の測定面が使用されている場合の指示誤差とする.

最大許容誤差は,次のとおりとする.
― 内側測定の最大許容誤差は,表5と同値とする.
― 深さ測定の最大許容誤差は,表5に0.02 mm加算した値とする.

内側測定の指示誤差は,測定範囲内の任意の位置で,例えば,ブロックゲージなどの標準器を用いて測定する.内側測定の指示誤差の測定方法は,表7による.

深さ測定の指示誤差は,基点のずれによって測定してもよい.このとき,基点のずれは0.02 mm以下とする.

表7 ノギスの内側測定の指示誤差の測定方法

項　目	測定方法	図
内側測定の指示誤差	ブロックゲージ及びその附属品又はそれらと同等以上の装置を用いて，内側寸法を内側用測定面で測定し，ノギスの指示値からブロックゲージの寸法，又は装置の示す数値を減じて求める．	ブロックゲージ

5.3.5　線接触誤差 L（最大許容誤差 L_{MPE}）　線接触誤差は，測定面線接触（3.2.3）の場合の指示誤差とし，外側測定に適用する．

線接触誤差は，外側用測定面の隙間でも検証することができ，このときの許容差は，隙間を光にかざして見たときに，光の回折による干渉色が認められる程度（5 μm 以下）が望ましい．

線接触誤差は，ジョウの面に垂直に，ジョウに沿った任意の位置で，例えば，小さな直径（約 10 mm）の円筒測定ピンなどを用いて測定する〔図 14 参照〕．

　　注　記　1．線接触誤差は，長期間使用したノギスに対して特に重要である．
　　注　記　2．線接触誤差の測定は，長期間使用したノギスの測定面の摩擦の検出に有効な方法である．
　　注　記　3．線接触誤差の測定は，測定範囲内の 2 か所以上で行う必要はない．

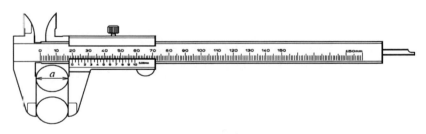

図 14　線接触誤差の測定

5.3.6　全測定面接触誤差 J（最大許容誤差 J_{MPE}）　全測定面接触誤差は，全測定面接触（3.2.1）の場合の指示誤差とする．

全測定面接触誤差は，ジョウの測定面全体を覆うような，例えば，ブロックゲージなどの標準器を用いて測定する．

　　注　記　全測定面接触誤差の測定は，測定範囲内の 2 か所以上で行う必要はない．

5.3.7 M形内側用ジョウの間隔による誤差 K（最大許容誤差 K_{MPE}） M形内側用ジョウの間隔による誤差は，M形ノギスの小穴測定が，ジョウの長さ方向に垂直に行われている場合の指示誤差とする．

M形内側用ジョウの間隔による誤差は，5 mm 以下のリングゲージを用いて測定する（製造業者又は供給業者は，測定で使用したリングゲージの直径を示さなければならない．）．この誤差は，内側用ジョウの隙間及び内側用測定面の厚さの影響を受ける〔図15参照〕．

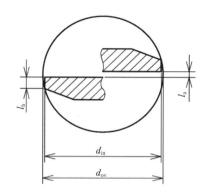

l_a　隙間
l_b　内側用測定面の厚さ
d_{in}　指示寸法
d_{ov}　内径寸法

図15　小穴測定時のM形内側用ジョウ

付4. JIS B 7512：2016 鋼製巻尺 （抜粋）

1. **適用範囲** この規格は，呼び寸法が0.5m～200mの鋼製の巻尺（以下，巻尺という．）について規定する．

3. **用語及び定義** この規格で用いる主な用語及び定義は，JIS Z 8103によるほか，次による．
   なお，巻尺の各部の名称を，図1に示す．

3.1 **基点** 測定の基準となる目盛線の中心線又は端面〔図1参照〕．

3.2 **有効測定範囲** 基点からの呼び寸法を表す目盛線までの範囲．長さの許容差は，この範囲の目盛に対して適用する．

3.3 **盛り足し目盛，余白目盛** 有効測定範囲以外の目盛．この目盛には，長さの許容差は適用しない．

3.4 **余白** テープの中の有効測定範囲以外の部分．基点を表す目盛線から前を先端余白といい，呼び寸法を表す目盛線から後を末端余白という〔図1参照〕．

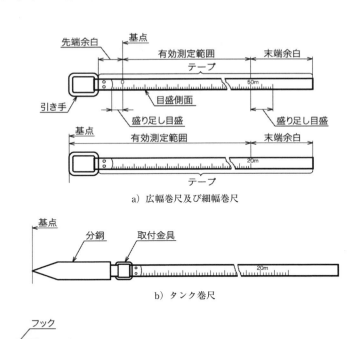

a) 広幅巻尺及び細幅巻尺

b) タンク巻尺

c) コンベックスルール及び細幅巻尺

注記 これらの図は，単に名称を示すためにものであって，形状及び構造を規定するものではない．

図1 各部の名称

3.5 目　　　幅　隣り合う二つの目盛線の幅の中心から中心までを測定した長さ．

3.6 目　　　量[1]　目幅に対応する測定量の大きさ．

　　注1）　ここでいう目量とは，抽象化された概念である．

3.7 引　き　手　テープ先端に取り付けられた環．

4. 種類及び等級　巻尺の種類は，構造，用途などによって表1のとおり区分する．巻尺の等級は，長さの許容差によって1級及び2級とする．

5. 呼　び　寸　法　巻尺の呼び寸法は，有効測定範囲の最大目盛値で表し，種類に応じて表1による．

表1　種類及び呼び寸法

種類の区分	呼び寸法		構造・用途
タンク巻尺	5 m の整数倍 (5 m～200 m)		テープの先端に分銅が付いており，槽内の液体の深さ及び掘削した穴の深さの測定に用いる巻尺
広幅巻尺			一般の測量・測定に用いる巻尺
細幅巻尺	0.5 m の整数倍	0.5 m～ 3 m	幅が細いテープを用いたポケット巻尺
コンベックスルール		0.5 m～10 m	テープ断面がとい（樋）状になっており，直立性に優れた巻尺

6. 性　　　能

6.1 長さの許容差　巻尺の長さの許容差は，表9のa）によって測定したとき，基点からの長さ及び任意の二つの目盛線間の長さ（分長）は，次の式を満たさなければならない．ただし，端面を基点とする巻尺の場合には，基点からの長さの許容差は，次の式の括弧内で求まる数値に0.2を加えたものとする．

　　— 1級の場合：$\pm(0.2+0.1L)$ mm
　　— 2級の場合：$\pm(0.25+0.15L)$ mm

ここに，L は，測定長をメートルで表した数値（1未満の端数は，切り上げて整数値とする．）であって，単位をもたない．2級の許容差は，この計算式で求めた値の小数点以下第2位を切り上げる．

6.2 直　立　性　テープ幅が13 mm以上のコンベックスルールの直立性は，表9のb）によって測定したとき，テープ幅の50倍以上の長さの自重でテープが折れ曲がってはならない．

6.3 目盛側面の真直度　巻尺の目盛側面の水平方向の真直度は，表9のc）によって測定したとき，表2を満足しなければならない．

表2　真　直　度

呼び寸法	真　直　度	
	鋼　製	ステンレス鋼製
3 m 以下	呼び寸法の1/500以下	呼び寸法の1/500以下
3 m を超え 5 m 以下	呼び寸法について6 mm以下	
5 m を超えるもの	任意の5 mについて6 mm以下	任意の5 mについて10 mm以下

7. **目　盛**　巻尺の目盛は，次による．
a) 目盛線は，その一端が目盛側面から 0.5 mm 以上離れてはならない．
b) 基点は，目盛線又は端面とする．ただし，コンベックスルール及び細幅巻尺で，端面を基点とする場合のフックの取付方法，測定方法及び基点の位置は，表3による．また，コンベックスルールで両面（凹面及び凸面）に目盛を付す場合の基点及び呼び寸法は，表4による．

表3　端面基点のコンベックスルール及び細幅巻尺の基点

フックの取付方法	測　定　方　法	基　　　点
フックが移動しないようにテープに固定されているもの（固定フック）	フックの内側端面を測定物に引っ掛けて測定する（引っ掛け測定）．	フックの内側端面［図2a)］
フックが移動するようにテープに取り付けられているもの（移動フック）	フックの内側端面を測定物に引っ掛けて測定する（引っ掛け測定）．	フックの内側端面［図2b) 及び図2d)］
	フックの外側端面を測定物に突き当てて測定する（突き当て測定）．	フックの移動する長さがフックの厚さに相当するものは，フックの外側端面［図2c)］
		フックの移動する長さがフックの厚さに相当するものは，テープの先端面［図2e)］

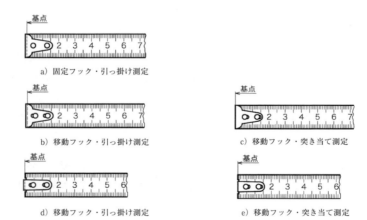

a) 固定フック・引っ掛け測定

b) 移動フック・引っ掛け測定　　　　　c) 移動フック・突き当て測定

d) 移動フック・引っ掛け測定　　　　　e) 移動フック・突き当て測定

注　記　a)〜e) は，基点の位置を示すものであって，外観，形状，構造などを規定するものではない．

図2　端面基点のコンベックスルール及び細幅巻尺の基点

表4　両面目盛のコンベックスルールの基点及び呼び寸法

基　　点	凹面	端面を基点とする〔図3参照〕．
	凸面	次のa) 又はb) のいずれかとする〔図3参照〕． a) 端面を基点とする． b) 端面から L cm（L は，整数値とする．）の先端余白をもつ目盛線を基点とする．ただし，この基点と凹面の L cm の目盛線とのずれは ±0.4 mm とする．
呼び寸法		両面の呼び寸法は同じとする． 呼び寸法などの表示は，いずれか片面だけでもよい．

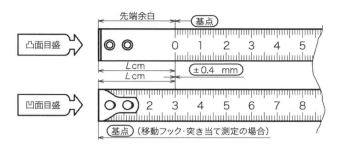

図3 コンベックスルールの両面目盛及びその基点（$L=3$とした一例）

c) 目量は，1 mm，2 mm，5 mm，10 mm，20 mm，50 mm又は100 mmとする．目量は，複数としてもよく，またこれらを併用してもよい．ただし，上記以外の目量の目盛を付してはならない．

d) 目量を同じくする目盛において，目幅の許容差及び隣り合う二つの目盛の目幅の差は，いずれも表5による．ただし，端面基点からの目幅は，対象外とする．

表5 目幅の許容差及び隣り合う二つの目盛の目幅の差

（単位：mm）

目量 i	$i=1$	$1<i\leq100$
目幅の許容差及び 隣り合う二つの目盛の目幅の差	±0.2	±0.3

e) 目盛線の太さは，0.1 mm〜0.5 mmとし，目盛線の種類（1 mm目盛，5 mm目盛，10 mm目盛など）に応じ，異なる太さとしてもよい．また，太さの同じ目盛線は，その最小値が最大値の70％以上とする．

f) 盛り足し目盛を付ける場合は，先端部及び末端部を合わせて，1 000 mm以下とする．

g) 目盛は，明確で，測定上支障がある目盛線の倒れ，目切れなどの欠点があってはならない．

h) 主な目盛線には，基点からの長さ又はその数値を表記しなければならない．

9. 材　　料　巻尺の材料は，次による．

a) **材質及び硬さ**　材質及び硬さは，通常の使用条件及び使用目的において，箇条6によるほか，次のいずれかによる．

1) JIS G 4401に規定するSK95若しくはSK85，又はこれらの成分と同等で，かつ，硬さが400 HV〜600 HVのものとする．

2) JIS G 4305に規定するSUS301若しくはSUS420J2，又はこれらの成分と同等で，かつ，硬さが360 HV以上のものとする．

b) 寸法　材料の幅及び厚さの寸法範囲は，種類に応じて表8による．

表8　材料の寸法範囲

(単位：mm)

種類の区分	幅[a]	厚さ[b]
タンク巻尺	10～15	0.10～0.40
広幅巻尺	10～15	0.10～0.40
細幅巻尺	4～ 8	0.08～0.12
コンベックスルール	4～50	0.08～0.40

注 [a]　幅の許容差は，適用する寸法に対して ±0.2 mm とする．
　　[b]　厚さの許容差は，適用する寸法の ±20% とする．

12. **製品の呼び方**　巻尺の呼び方は，規格番号又は規格の名称，種類，等級及び呼び寸法による．

　　例1　JIS B 7512　　コンベックスルール1級5 m
　　例2　鋼製巻尺　　コンベックスルール1級5 m

付5. JIS B 7514 : 1977　直定規　（抜粋）

1. **適 用 範 囲**　この規格は，長方形断面及びI形断面の鋼製直定規（以下，直定規という）について規定する．
2. **用語の意味**　この規格で用いる主な用語の意味は，図1による．

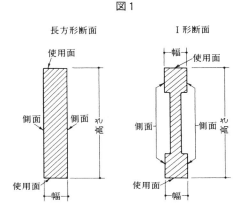

図1

3. **等　級**　直定規は，その断面寸法及び寸法精度によりA級及びB級の2等級とする．
4. **寸 法 精 度**
4.1 **使用面の真直度及び高さ不同**　直定規の使用面の真直度及び高さ不同の許容差は，表1による．

表1　使用面の真直度及び高さの不同

（単位：μm）

有効長さ (mm)		300	500	1 000	1 500	2 000	3 000
等　級	A　真　直　度	3	4	6	8	10	14
	高さの不同						
	B　真　直　度	10	14	24	34	44	64
	高さの不同						
特級（参考）[1]	真　直　度	1.6	2	3	4	5	7
	高さの不同						

［注］（1）特級は，A級又はB級直定規の精度測定に用いる正しい平面及び基準直定規の寸法精度に該当するものであって，参考のために示す．
　　　　なお，特級の直定規については表3の寸法は適用しない．

備　考　表1の数値は，次の式による．
　　A 級　$\left(2+\dfrac{L}{250}\right)\mu$m
　　B 級　$\left(4+\dfrac{L}{50}\right)\mu$m
　　特 級　$\left(1+\dfrac{L}{500}\right)\mu$m
　　ただし，Lは直定規の有効長さ (mm)．

4.2 側面の平行度及び幅不同 直定規の側面の平行度及び幅不同の許容値は，表1に示す真直度及び高さ不同の許容値の10倍とする．

4.3 使用面と側面との直角度 直定規の使用面と側面との直角度の許容値は，表2による．

表2 使用面と側面との直角度

(単位：mm)

有効長さ		300	500	1 000	1 500	2 000	3 000
等 級	A	0.03	0.03	0.04	0.05	0.06	0.07
	B	0.10	0.10	0.15	0.20	0.25	0.30

5. 寸 法 直定規の有効長さ，高さ（最小）及び幅（最小）は，表3による．

表3 寸 法

(単位：mm)

等 級	有効長さ[2]×高さ(最小)×幅(最小)					
A	300×50×10	500×50×10	1 000×60×12	1 500×70×14	2 000×80×16	3 000×120×18
B	300×40× 8	500×40× 8	1 000×50×10	1 500×60×12	2 000×70×14	3 000×100×16

[注] (2) 直定規の全長は，有効長さ+40 mmとする．

付6. JIS B 7516：2005 金属製直尺 （抜粋）

1. **適用範囲** この規格は，目盛端面を基点とする金属製の直尺であって，呼び寸法が150～2 000 mmのもの（以下，直尺という．）について規定する．

3. **定　　義** この規格で用いる主な用語の定義は，次によるほかJIS Z 8103による．また，直尺の各部の名称は，図1による．

a) **基点**　測定の基準となる目盛端面（図1参照）．
b) **目盛面のりょう（稜）**　目盛側面及び目盛端面と目盛線の交わる線．
c) **目盛端面**　りょう（稜）を目盛線の中心線とみなす端面．
d) **目幅**　隣り合う二つの目盛線の幅の中心から中心までを測定した長さ．
e) **目量***　目幅に対応する測定量の大きさ．
　注*　ここでいう目量とは，抽象された概念である．

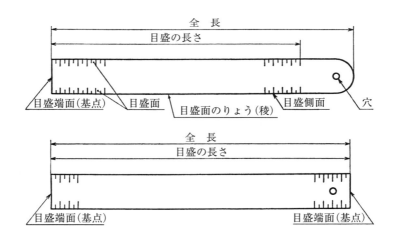

備　考　この図は，単に名称を示すためのものであって，形状及び構造を規定するものではない．

図1　各部の名称

4. **呼び寸法**　直尺の呼び寸法は，目盛の長さにより，150 mm，300 mm，600 mm，1 000 mm，1 500 mm及び2 000 mmとする．また，呼び寸法の単位はセンチメートル（cm）を用いてもよく，1 000 mm以上の場合は，メートル（m）を用いてもよい．

5. **等　　級**　直尺の等級は，性能によって1級及び2級とする．

6. **性　　能**

6.1 **長さの許容差**　直尺の長さの許容差は，基準の温度を20℃とし，基点からの任意の長さ及び任意の2目盛線間の長さに応じ，次の式による．ただし，目幅の許容差については，7.c)の表3による．

1級:± [0.10+0.05×(L/0.5)] mm

2級:± [0.10+0.10×(L/0.5)] mm

ここに,L は測定長をメートルで表した数値であって,単位をもたない.

$L/0.5$ の計算値のうち,1未満の端数は,切り上げて整数値とする.

6.2 **目盛端面の直角度** 直尺の目盛側面に対する目盛端面の直角度は,端面の長さ10 mm につき表1による.

表1 目盛端面の直角度

(単位:mm)

等 級	直 角 度
1 級	0.035 以下
2 級	0.050 以下

6.3 **目盛側面の真直度** 直尺の目盛側面の水平方向の真直度は,呼び寸法に応じ表2による.

表2 目盛側面の真直度

(単位:mm)

呼び寸法	真 直 度	
	1 級	2 級
150	0.23 以下	0.36 以下
300	0.26 以下	0.42 以下
600	0.32 以下	0.54 以下
1 000	0.40 以下	0.70 以下
1 500	0.50 以下	0.90 以下
2 000	0.60 以下	1.10 以下

7. **目 盛** 直尺の目盛は,次による.

a) 目盛線は,目盛面のりょう(稜)に達しており,かつ,目盛面のりょう(稜)に対する直角度が 5 mm につき 0.2 mm 以下とする.

b) 目量は,0.5 mm,1 mm,2 mm,5 mm,10 mm,20 mm,50 mm 及び 100 mm とする.目量は,複数としてもよく,これらを併用してもよい.

c) 目量を同じくする目盛において,目幅の許容差及び隣り合う二目盛の目幅の差は,ともに表3の値以内とする.

表3 目幅の許容差及び隣り合う二目盛の目幅の差

(単位:mm)

目量 i	$i≦1$	$1<i≦100$
目幅の許容差及び隣り合う二目盛の目幅の差	±0.1	±0.15

d) 目盛線の太さは，0.1～0.3 mm とし，目盛線の種類（0.5 mm 目盛，1 mm 目盛，5 mm 目盛，10 mm 目盛など）に応じ，異なる太さとしてもよい．また，太さの同じ目盛線は，その最小値が，最大値の 70％以上とする．
e) 目盛は，明確であって，測定上支障のある目盛線の倒れ，目切れなどの欠点があってはならない．
f) 主な目盛線には，基点からの長さ，又はその数値を表記しなければならない．

8. 寸　　法　直尺の全長，厚さ及び幅は，表4による．ただし，両端面を目盛端面（基点）とする直尺には表4の"全長と許容差"の欄は適用しない．

表4　寸　法

呼び寸法 mm	全長と許容差		厚さと許容差		幅と許容差	
	寸　法 mm	許容差 mm	寸　法 mm	許容差 %	寸　法 mm	許容差 %
150	175		0.5		15	
300	335		1.0		25	
600	640	±5	1.2	±10	30	±2
1 000	1 050		1.5		35	
1 500	1 565		2.0		40	
2 000	2 065		2.0		40	

13. 製品の呼び方　直尺の呼び方は，規格番号又は規格名称，呼び寸法及び等級による．
例1．　JIS B 7516　150 mm　1 級
例2．　金属製直尺　150 mm　1 級

付7. JIS B 7526:1995 直角定規 (抜粋)

1. **適用範囲** この規格は，図1，図2，図3及び図4に示すような構造の鋼製直角定規(以下，直角定規という)について規定する．

   備考2. この規格の中で{ }を付けて示してある単位及び数値は，従来単位によるものであって，参考として併記したものである．

2. **主要部の名称** 直角定規の主要部の名称は，図1，図2，図3及び図4による．

図1 刃形直角定規

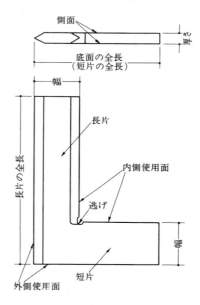

図2 I形直角定規

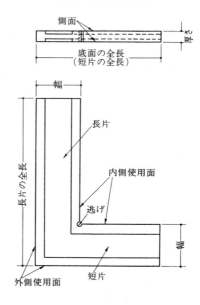

図3 平形直角定規

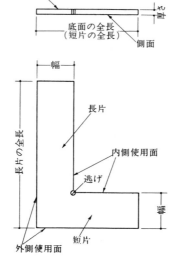

図4 台付直角定規

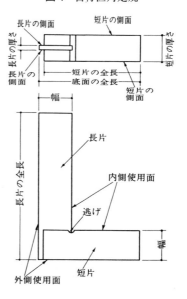

3. 種類及び等級
直角定規の種類及び等級は，表1による．

表1

種　類	等　級	用途(参考)
刃形直角定規	—	標　準　用
I形直角定規	1　級	
	2　級	検　査　用
平形直角定規 台付直角定規	1級・2級	工　作　用

4. 直角からの狂い

4.1 外側及び内側使用面の直角からの狂い
外側及び内側使用面の直角からの狂いの許容値は，表2による．なお，直角からの狂いの符号は，図5による．

表2

(単位：μm)

呼び寸法 (mm)	直角からの狂いの許容値					特級(参考)[1]
	刃形直角定規	I形直角定規		平形直角定規 台付直角定規		
		1　級	2　級	1　級	2　級	
75	—	—	—	±14	± 28	—
100	±3.0	±3.0	±7	±15	± 30	—
150	±3.5	±3.5	±8	±18	± 35	—
200	±4.0	±4.0	±9	±20	± 40	±3.0
300	±5.0	±5.0	±11	±25	± 50	±3.5
500	—	±7.0	±15	±35	± 70	±4.5
750	—	—	—	±48	± 95	—
1 000	—	—	—	±60	±120	—

注 (1) 直角定規の特級は，特別な高精度の測定に使用するものであるから，温度及びたわみの影響を受けないように，形状，寸法，構造及び材料には特別な考慮を払わなければならない．

備　考　表の値は，次の式で求めたものである．ただし，Lは呼び寸法(mm)を表す．

(単位：μm)

種　類	等　級	直角からの狂い の許容値の算式
刃形直角定規	—	$\pm\left(2+\dfrac{L}{100}\right)$
I形直角定規	1　級	$\pm\left(2+\dfrac{L}{100}\right)$
	2　級	$\pm\left(5+\dfrac{L}{50}\right)$
平形直角定規 台付直角定規	1　級	$\pm\left(10+\dfrac{L}{20}\right)$
	2　級	$\pm\left(20+\dfrac{L}{10}\right)$
特　　級（参考）		$\pm\left(2+\dfrac{L}{200}\right)$

図5

外側角の直角からの狂い　　　　　　内側角の直角からの狂い

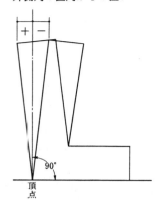
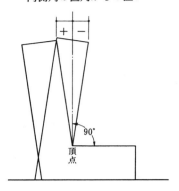

4.2 側面の倒れ　側面の倒れは表2の値の10倍以下とする（図6参照）．ただし，刃形直角定規と台付直角定規では，長片の倒れだけに適用する．

図6

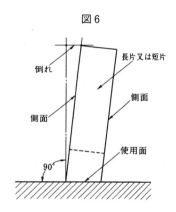

5. 真直度及び平行度

5.1 真 直 度 　直角定規の使用面の真直度の許容値は，表3による．

表3

(単位：μm)

使用面の全長 (mm)	真直度の許容値				
	刃形直角定規	I形直角定規		平形直角定規 台付直角定規	
		1級	2級	1級	2級
100 以下	1.5	1.5	3.5	8	15
100 を超え 200 以下	2.0	2.0	4.5	10	20
200 を超え 300 以下	2.5	2.5	5.5	13	25
300 を超え 400 以下	—	3.0	6.5	15	30
400 を超え 500 以下	—	3.5	7.5	18	35
500 を超え 600 以下	—	—	—	20	40
600 を超え 700 以下	—	—	—	23	45
700 を超え 800 以下	—	—	—	25	50
800 を超え 900 以下	—	—	—	28	55
900 を超え 1 000 以下	—	—	—	30	60

備　考　表の値は，次の式で求めたものである．ただし，L は使用面の全長(mm)を表す．

(単位：μm)

種　類	等　級	真直度の許容値の算式
刃形直角定規	—	$\left(1+\dfrac{L}{200}\right)$
I形直角定規	1級	$\left(1+\dfrac{L}{200}\right)$
	2級	$\left(2.5+\dfrac{L}{100}\right)$
平形直角定規 台付直角定規	1級	$\left(5+\dfrac{L}{40}\right)$
	2級	$\left(10+\dfrac{L}{20}\right)$

5.2 平 行 度 　外側使用面と内側使用面との平行度の許容値は，表3の数値の2倍とする．

6. 剛　　性　　図7のように短片を固定し，長片を先端に2.45 N {250gf}の力を短片の長さ方向に加えたとき，長片の先端たわみは，表2の値の $\dfrac{1}{2}$ 以下とする．

図 7

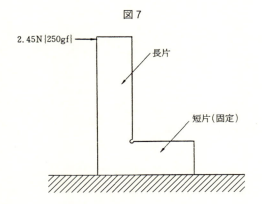

7. **表 面 粗 さ** 使用面の表面粗さは，表 4 による．

表 4

種　類	等　級	呼　び　寸　法	表面粗さ
刃形直角定規	—	100, 150, 200, 300	0.8 S
I 形直角定規	1 級	100, 150, 200, 300, 500	
	2 級	100, 150, 200, 300	
		500	
平形直角定規 台付直角定規	1 級	75, 100, 150, 200, 300, 500	1.6 S
	2 級	75, 100, 150, 200, 300	
	1 級	750, 1 000	3.2 S
	2 級	500, 750, 1 000	

8. **形状，寸法及び構造**

8.1 **形　　状** 直角定規の形状は，図 1，図 2，図 3 及び図 4 による．内側使用面の互いに交わる部分には，適当な形状の逃げを設けることが望ましい．

　また，刃形直角定規の刃形りょうは，軽く丸みを付けるか，又は面取りを行う．

8.2 **寸　　法** 直角定規の寸法は，表 5，表 6，表 7 及び表 8 による．

表 5　刃形直角定規

（単位：mm）

呼 び 寸 法		100	150	200	300
長 片 の 全 長		100	150	200	300
底 面 の 全 長		70	100	130	200
長片及び短片	幅	25	30	35	40
	厚　さ	6	8	10	15

表6　I形直角定規

(単位：mm)

呼び寸法	100	150	200	300	500
長片の全長	100	150	200	300	500
底面の全長	70	100	130	200	300
長片及び短片 幅	25	30	35	40	55
長片及び短片 厚さ	6	8	10	15	20

表7　平形直角定規

(単位：mm)

呼び寸法	75	100	150	200	300	500	750	1 000
長片の全長	75	100	150	200	300	500	750	1 000
底面の全長	50	70	100	130	200	300	400	550
長片及び短片 幅	18	20	25	25	30	40	50	60
長片及び短片 厚さ	3	4	5	6	6	8	10	12

表8　台付直角定規

(単位：mm)

呼び寸法	75	100	150	200	300	500	750	1 000
長片の全長	75	100	150	200	300	500	750	1 000
底面の全長	50	70	100	130	200	300	400	550
短片の全長	48	67	97	126	196	295	393	540
長片 幅	16	20	24	29	35	46	58	65
長片 厚さ	2	2.5	3	3.5	4	5	7	10
短片 幅	15	18	22	26	32	45	63	80
短片 厚さ	13	15	18	22	27	35	50	65

8.3　構　　造　　直角定規の側面は，任意に肉抜きをしてもよい．また，台付直角定規の短片と長片は，衝撃に耐えるように堅固に取り付ける．

付8. JIS B 7534：2005　金属製角度直尺　（抜粋）

1. **適用範囲**　この規格は，長枝と短枝とが90°を構成している金属製の角度直尺であって，呼び寸法が250〜500 mm のもの（以下，角度直尺という．）について規定する．

3. **定　義**　この規格で用いる主な用語の定義は，次によるほか，JIS Z 8103 による．また，角度直尺の各部の名称は，図1による．

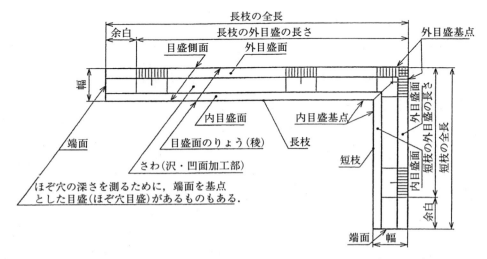

備　考　この図は，単に名称を示すためのものであって，形状及び構造を規定するものではない．

図1　各部の名称

a) **基点**　測定の基準となる目盛側面．長枝及び短枝それぞれに外目盛基点及び内目盛基点があり，それぞれ図1に示す位置とする．

b) **目盛面のりょう（稜）**　目盛側面及び端面と目盛面が交わる線．

c) **余白**　目盛面の先端にある，目盛が付されていない部分．

d) **目幅**　隣り合う二つの目盛線の幅の中心から中心までを測定した長さ．

e) **目量***　目幅に対応する測定長の大きさ．

　　注*　ここでいう目量とは，抽象された概念である．

4. **種　類**　角度直尺の種類は，形状（表2〜表4の付図参照）によって，A形（表2），B形（表3）及びC形（表4）の3種類とする．

5. **呼び寸法**　角度直尺の呼び寸法は，"長枝の外目盛の長さ"により，250 mm，300 mm，450 mm 及び 500 mm とする．また，呼び寸法の単位は，センチメートル（cm）を用いてもよい．

6. **性　能**

6.1 **長さの許容差**　角度直尺の長さの許容差は，基準の温度を20℃とし，外目盛基点及び内目盛基点からの任意の長さ及び任意の2目盛線間の長さについて ±0.2 mm とする．ただし，目幅の許

容差については，7.c）の表1による．

6.2 目盛側面の直角度 角度直尺の長枝の目盛側面と水平方向の直角度は，100 mm につき 0.1 mm 以下とする．

6.3 目盛面の真直度 角度直尺の目盛側面の水平方向の真直度は，長枝及び短枝それぞれ次の式の値以内とする．

$$[0.3+(長枝又は短枝の全長)/2\,500]\ \text{mm}$$

6.4 目盛面の平面度 A形の角度直尺は，長枝の両端の間隔が"長枝の外目盛の長さ"の 3/4 になるように曲げて戻したとき，長枝の目盛面の平面度が"長枝の外目盛の長さ"の 1/100 以下とする．

7. 目　　盛 目盛は，次による．

a) 目盛線は，目盛面のりょう（稜）に達しており，かつ，目盛面のりょうに対する直角度が 5 mm につき 0.2 mm 以下とする．

b) 目量は，1 mm，2 mm，5 mm，10 mm，20 mm，50 mm 及び 100 mm とする．目量は，複数としてもよく，これらを併用してもよい．ただし，次の 1）～4）の目盛を付けることは差し支えない．

　1) 角目：実目盛に対し $\sqrt{2}$ 倍に目盛られた目盛

　2) 丸目：実目盛に対して $1/\pi$ 倍に目盛られた目盛

　3) ほぞ穴目盛：柱のほぞ穴の深さを測るために，端面を基点とした目盛

　4) 外目盛基点の内目盛（内目盛面の目盛）

c) 目量を同じくする目盛において，目幅の許容差及び隣り合う二目盛の目幅の差は，共に，表1の値以下とする．ただし，外目盛基点・内目盛基点・端面基点からの目幅及び角目・丸目・ほぞ穴目盛・外目盛基点の内目盛は対象外とする．

d) 目盛線の太さは，0.2～0.45 mm とし，目盛線の種類（1 mm 目盛，2 mm 目盛，5 mm 目盛，10 mm 目盛など）に応じ，異なる太さとしてもよい．また，太さの同じ目盛線は，その最小値が最大値の 55% 以上でなければならない．

表1　目幅の許容差及び隣り合う二目盛の目幅の差

（単位：mm）

目量 i	$i=1$	$1<i\leqq100$
目幅の許容差及び隣り合う二目盛の目幅の差	±0.1	±0.2

表2 A形

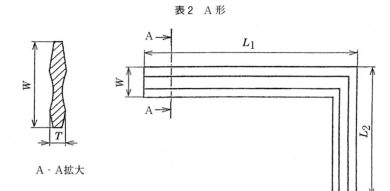

(単位:mm)

呼び寸法	外目盛の長さ		長枝の全長		短枝の全長		幅	厚さ
	長枝	短枝	L_1	許容差	L_2	許容差	W	T
300	300	150	320	±5	$L_1/2$	±2	15.0±0.3	1.4±0.4
450	450	230	485					
500	500	250	520					

備 考 厚さ(T):A形の内目盛基点及び外目盛基点に相当する約50 mmの部分は,長枝,短枝とも他の部分より薄くてはならない.

表3 B形

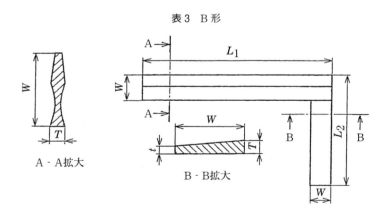

(単位:mm)

呼び寸法	外目盛の長さ		長枝の全長		短枝の全長		幅	厚さ	
	長枝	短枝	L_1	許容差	L_2	許容差	W	T	t
250	250	130	270	±5	$L_1/2$	±2	15.0±0.3	2.6±0.3	2.0±0.3
300	300	150	320						

表4 C形

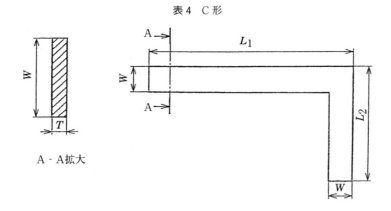

A - A拡大

（単位：mm）

呼び寸法	外目盛の長さ		長枝の全長		短枝の全長		幅	厚さ
	長枝	短枝	L_1	許容差	L_2	許容差	W	T
300	300	150	320	±5	$L_1/2$	±2	15.0±0.3 又は 20.0±0.3	1.0±0.3 又は 2.0±0.3
500	500	250	520					

e) 目盛は，明確で，測定上支障のある欠点があってはならない．

f) 主な目盛線には，基点からの長さ又はその数値を表記する．

8. **形状及び寸法** 角度直尺の形状及び寸法は，種類に応じ表2A形，表3B形，及び表4C形による．A形，B形及びC形の構造用途の特徴は，次による（表2～表4の付図参照）．

A形：厚さにおいて，直角度の維持・強化に配慮されており，形状特性から，軽量，頑丈及び復元力に優れ，大工などの仕事に適する角度直尺

B形：形状特性から，建具，さしもの（指物・くぎを用いない木工家具）などの仕事に適する角度直尺

C形：形状は，厚さが均等に作られており，土木，鉄骨などの仕事に適する角度直尺

13. **製品の呼び方** 角度直尺の呼び方は，規格番号又は規格名称，種類及び呼び寸法による．

例1． JIS B 7534 A形 300 mm

例2． 角度直尺　A形 300 mm

付9. JIS G 3192：2014 熱間圧延形鋼の形状，寸法，質量及びその許容差 （抜粋）

1. **適用範囲** この規格は，熱間圧延によって製造された形鋼（以下，形鋼という．）の外観，形状及びその許容限度並びに寸法，質量及びその許容差について規定する．

　なお，この規格の適用については，それぞれの製品規格に規定する．

3. **種類及び断面形状** 形鋼の種類及び断面形状は，表1による．

表1 形鋼の種類及び断面形状

種類		断面形状略図
山形鋼	等辺山形鋼	
	不等辺山形鋼	
	不等辺不等厚山形鋼	
I 形鋼		
溝形鋼		
球平形鋼		
T 形鋼		
H 形鋼[a]		
CT 形鋼[b]		

注a） H形鋼には，外法（そとのり）一定H形鋼を含む．外法一定H形鋼とは，フランジの厚さによらず高さが一定のH形鋼である．

注b） CT形鋼は，H形鋼のウェブを切断して分割した形鋼．外法一定CT形鋼を含む．

4. **寸法の表し方及び表示** 形鋼の寸法は，断面各部の寸法をミリメートルで表し，長さをメートルで表す．ただし，受渡当事者間の協議によって，長さをミリメートルで表してもよい．断面各部の寸法の表示は，通常，表3～5及び表8～12（表5および表8～12は省略）に示す各断面寸法の辺（A, B），高さ（H）及び厚さ（t, t_1, t_2）のうち，それぞれの断面形状に応じて該当する項目を表示する．ただし，表12の溝形鋼の厚さの表示は t_1, t_2 のうち t_1 だけ表示すればよい．

5. **標準寸法** 標準寸法は，次による．ただし，標準寸法は代表寸法であり，受渡当事者間の協

定によって，断面寸法及び長さは，表に記載されていない寸法を用いてもよい．
a) 形鋼の標準断面寸法は，表8～18（省略）による．
b) 形鋼の標準長さは，表2による．

表2 標準長さ

(単位：m)

| 6.0 | 7.0 | 8.0 | 9.0 | 10.0 | 11.0 | 12.0 | 13.0 |

6. **形状及び寸法の許容差** 形鋼の形状及び寸法の許容差は，次による．ただし，a) 及び b) に規定していない許容差は，受渡当事者間の協定による．

a) 山形鋼，I 形鋼，溝形鋼，球平形鋼及び T 形鋼の形状及び寸法の許容差は，表3による．長さのプラス側許容差は，受渡当事者間で協定してもよい．

b) H 形鋼の形状及び寸法の許容差は，表4により，CT 形鋼の形状及び寸法の許容差は，表5（省略）による．長さのプラス側許容差は，受渡当事者間で協定してもよい．切断面の直角度の許容差は，注文者から要求があった場合に適用する．

表3 山形鋼，I形鋼，溝形鋼，球平形鋼及びT形鋼の形状及び寸法の許容差

(単位：mm)

区分			許容差	摘要
辺 (A 又は B)		50 未満	±1.5	
		50 以上 100 未満	±2.0	
		100 以上 200 未満	±3.0	
		200 以上	±4.0	
高さ (H)		100 未満	±1.5	
		100 以上 200 未満	±2.0	
		200 以上 400 未満	±3.0	
		400 以上	±4.0	
厚さ (t, t_1, t_2)	辺 A（T形鋼については B）又は高さが130未満	6.3 未満	±0.6	
		6.3 以上 10 未満	±0.7	
		10 以上 16 未満	±0.8	
		16 以上	±1.0	
	辺 A（T形鋼については B）又は高さが130以上	6.3 未満	±0.7	
		6.3 以上 10 未満	±0.8	
		10 以上 16 未満	±1.0	
		16 以上 25 未満	±1.2	
		25 以上	±1.5	
長さ	7 m 以下		+40 0	
	7 m を超えるもの		プラス側許容差は，長さ1m又はその端数を増すごとに上記プラス側許容差に5mmを加える．マイナス側許容差は，0mmとする．	
直角度 (T)	I形鋼		辺 B の 2.0% 以下	I形鋼については，表4のH形鋼の図を参照
	I形鋼及びT形鋼を除く形鋼 [a]		辺 B の 2.5% 以下	
曲がり	I形鋼及びT形鋼		長さの 0.20% 以下	上下，左右の曲がりに適用する．
	I形鋼及びT形鋼を除く形鋼		長さの 0.30% 以下	
中心の偏り (S)	辺 B が 300 以下	T形鋼	±3.0	$S = \dfrac{b_1 - b_2}{2}$

注 [a] 注文者は，辺 200 mm 以上の等辺山形鋼について辺 B の 2.0% 以下の直角度を指定してもよい．

付 9. JIS G 3192 熱間圧延形鋼の形状, 寸法, 質量及びその許容差 —195—

表 4 H 形鋼の形状及び寸法の許容差

(単位:mm)

区分			許容差	摘要
辺 (B)	400 以下		±2.0	
	400 を超えるもの		±3.0	
高さ (H)	800 未満	辺 B が 400 以下	±2.0	
		辺 B が 400 を超えるもの	±3.0	
	800 以上		±3.0	
厚さ	フランジ (t_2)	16 未満	±1.0	
		16 以上 25 未満	±1.5	
		25 以上 40 未満	±1.7	
		40 以上	±2.0	
	ウェブ (t_1)	16 未満	±0.7	
		16 以上 25 未満	±1.0	
		25 以上 40 未満	±1.5	
		40 以上	±2.0	
長さ	7 m 以下		+40 0	
	7 m を超えるもの		プラス側許容差は, 長さ 1 m 又はその端数を増すごとに上記プラス側許容差に 5 mm を加える. マイナス側許容差は, 0 mm とする.	
直角度 (T)	高さ H が 300 以下		辺 B の 1.0% 以下. ただし, 許容差の最小値は 1.5 mm	
	高さ H が 300 を超えるもの		辺 B の 1.2% 以下. ただし, 許容差の最小値は 1.5 mm	
曲がり	高さ H が 300 以下		長さの 0.15% 以下	上下, 左右の曲がりに適用する.
	高さ H が 300 を超えるもの		長さの 0.10% 以下	
中心の偏り (S)	辺 B が 400 以下		±2.0	$S=\dfrac{b_1-b_2}{2}$
	辺 B が 400 を超えるもの		±3.5	
ウェブ反り[a] (W)	高さ H が 350 以下		2.0 以下	
	高さ H が 350 を超え 550 未満		2.5 以下	
	高さ H が 550 以上		3.0 以下	
フランジ折れ (F)	辺 B が 400 以下		b の 1.5% 以下. ただし, 許容差の最大値は 1.5 mm	
切断面の直角度 (e)			辺 B 又は高さ H の 1.6% 以下. ただし, 許容差の最小値は 3.0 mm	

注[a] ウェブの反りはコーナー R 部を含まない部分に適用する.

付10. JIS G 3136：2012 建築構造用圧延鋼材 （抜粋）

1. **適用範囲** この規格は，建築構造物に用いる熱間圧延鋼材（以下，鋼材という）について規定する．

3. **種類及び記号並びに適用厚さ** 鋼材の種類は5種類とし，その記号及び適用厚さは，表1による．

表1 種類の記号

（単位：mm）

種類の記号	製品形状	適用厚さ
SN400A	鋼板，鋼帯，形鋼及び平鋼	6以上　100以下
SN400B		6以上　100以下
SN400C		16以上　100以下
SN490B		6以上　100以下
SN490C		16以上　100以下

受渡当事者間の協定によって，超音波探傷試験を行った鋼板及び平鋼には，"-UT"の記号を，この表の種類の記号（5.2の熱処理の記号を含む．）の末尾に付加して表す．

　　例　SN400B-UT
　　　　SN490BN-UT

9. **形状，寸法，質量及びその許容差** 鋼材の形状，寸法，質量及びその許容差は，JIS G 3192，JIS G 3193又はJIS G 3194による．ただし，厚さの許容差は，次による．また，鋼板及び鋼帯のカットエッジの場合の幅，並びに鋼板の長さの許容差は，特に指定がない限りJIS G 3193の許容差Aによる．

a) 鋼板及び鋼帯の厚さの許容差は，表11による．
b) 平鋼の厚さの許容差は，表12による．
c) 形鋼の厚さの許容差は，表13及び表14による．

表11 鋼板及び鋼帯の厚さの許容差

(単位：mm)

厚さ	幅					
	1 600 未満	1 600 以上 2 000 未満	2 000 以上 2 500 未満	2 500 以上 3 150 未満	3 150 以上 4 000 未満	4 000 以上 5 000 未満
6.00 以上　6.30 未満	+0.70	+0.90	+0.90	+1.20	+1.20	—
6.30 以上　10.0 未満	+0.80	+1.00	+1.00	+1.30	+1.30	+1.50
10.0 以上　16.0 未満	+0.80	+1.00	+1.00	+1.30	+1.30	+1.70
16.0 以上　25.0 未満	+1.00	+1.20	+1.20	+1.60	+1.60	+1.90
25.0 以上　40.0 未満	+1.10	+1.30	+1.30	+1.70	+1.70	+2.10
40.0 以上　63.0 未満	+1.30	+1.60	+1.60	+1.90	+1.90	+2.30
63.0 以上　100 未満	+1.50	+1.90	+1.90	+2.30	+2.30	+2.70
100	+2.30	+2.70	+2.70	+3.10	+3.10	+3.50

マイナス側の許容差は 0.3 mm とする．

厚さの測定箇所は，ミルエッジの鋼帯及び鋼帯からの切板の場合は，その縁から 25 mm 以上内側の任意の点，カットエッジの鋼帯及び鋼帯からの切り板の場合は，その縁から 15 mm 以上内側の任意の点とする．また，圧延のままの鋼板（耳付鋼板）の場合は，幅切断予定線から内側の任意の点，カットエッジの鋼板の場合は，その縁から 15 mm 以上内側の任意の点とする．

表12　平鋼の厚さの許容差

(単位：mm)

厚さ	許容差
6.0 以上　12 未満	+0.5
12 以上　25 未満	+1.1
25 以上　40 未満	+1.4
40 以上　100 以下	+2.1

マイナス側の許容差は 0.3 mm とする．

表13 山形鋼, I形鋼, 溝形鋼, 球平形鋼及びT形鋼の厚さの許容差

(単位：mm)

厚さ (t, t_2)	許容差
6.0以上　16未満	+0.9 −0.3
16　以上　40未満	+1.3 −0.7
40　以上　100以下	±1.5

記号 A, B, H, t_1 の許容差は, JIS G 3192 の表3による.

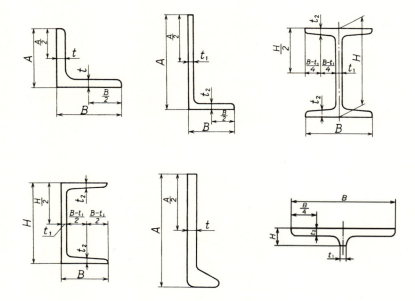

表14 H形鋼の厚さの許容差

(単位：mm)

厚さ (t_2)	許容差
6.0 以上　16 未満	+1.7 −0.3
16　以上　40 未満	+2.3 −0.7
40　以上　100 以下	+2.5 −1.5

記号 B, H, t_1 の許容差は，JIS G 3192 の表4による．

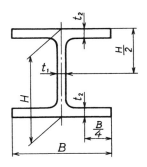

10. **外　　観**　鋼材の外観は，JIS G 3192 の箇条9（外観），JIS G 3193 の箇条7（外観）又は JIS G 3194 の 10.（外観）による．

付11．(一社)日本鉄鋼連盟　製品規定

建築構造用冷間ロール成形角形鋼管　(BCR295)（抜粋）

1．**適　用　範　囲**　この規格は，建築構造物に使用される冷間ロール成形角形鋼管 BCR295（以下，角形鋼管という）について規定する．

2．**種類及び記号**　角形鋼管の種類は1種類とし，その記号は，表1による．

表1　種類の記号

種類の記号
BCR295

備考：1．BCR295 は冷間ロール成形設備によって，鋼帯から電気抵抗溶接によって製造される溶接鋼管を，連続的に角形断面に成形して製造される角形鋼管．
　　　2．寸法は以下に示す範囲とする．
　　　　辺の長さ×厚さ：150×6 mm～550×25 mm
　　　　ただし，長方形断面については，辺の長さの平均値及び厚さが上記の範囲内のものを対象とする．巻末の表に，正方形断面の代表サイズを参考に示す．また，辺の長さ／厚さの値が 12.5 以上とする．

7．**寸法，質量及び許容差**

7.1　**寸法及び質量**　角形鋼管の寸法及び質量は，付表による．ただし，角部外側の曲率半径の標準値は，表8による．

7.2　**寸法許容差**　角形鋼管の辺の長さ，各辺の平板部分の凹凸，隣り合った平板部分のなす角度，長さ，曲がり，ねじれ，及び厚さの許容差は表7により，角部外側の曲率半径及びその許容差は表8による．ただし，辺の長さ，各辺の平板部分の凹凸，隣り合った平板部分のなす角度及び角部外側の曲率半径を測定する位置は，角形鋼管の両端よりそれぞれ 50 mm を除く任意の点とする．

表7 寸法許容差

項 目 及 び 区 分		寸 法 許 容 差
辺の長さ		±1.0%かつ ±3.0 mm
各辺の平板部分の凹凸		辺の長さの0.5%以下かつ3 mm以下
隣り合った平板部分のなす角度		±1.0°
製品長さ		−0.0　　＋規定せず
曲がり	製品長さ9 m未満	全長の1/1 500以下
	製品長さ9 m以上	全長の1/1 250以下
ねじれ		〔1.5×辺の長さ(mm)/1 000〕×全長(m)mm以下
厚さ	6 mm以上16 mm未満	−0.3 mm　　＋1.0 mm
	16 mm以上25 mm未満	−0.3 mm　　＋1.2 mm
	25 mm	−0.3 mm　　＋1.3 mm

備考：1．平板部分とは角部の曲率部分を除く平坦な板部分をいう．
　　　2．各辺の平板部分の凹凸及び隣り合った平板部分のなす角度は，溶接の余盛部分を除いた位置で測定する．
　　　3．曲がりの許容差は，上下，左右の大曲がりに適用する．
　　　4．厚さの許容差は，平板部分の溶接余盛部分を除いた部分に適用する．

表8 角部外側の曲率半径標準値及び寸法許容差

項 目 及 び 区 分		角部外側の曲率半径標準値 (mm)	寸 法 許 容 差 (mm)
厚さ(t)	6 mm以上25 mm以下	2.5 t	±0.5 t

備考：1．角部外側の曲率半径とは，図1のRをいう．
　　　2．角部外側の曲率半径は，図1に示す65°の範囲で測定する．
　　　3．受渡当事者間の協定によって，角部外側の曲率半径標準値よりも大きな曲率半径とすることができる．ただし，この場合の寸法許容差は表8による．

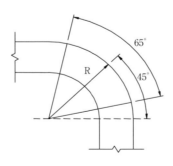

図1 角部外側の曲率半径

8. 外　　観　角形鋼管の外観は，次による．
（1）　角形鋼管には，使用上有害な欠点があってはならない．
（2）　角形鋼管に表面仕上げ若しくはめっきの特別な要求がある場合には，受渡当事者間の協定による．

建築構造用冷間プレス成形角形鋼管　（BCP235，BCP325）（抜粋）

1. **適用範囲**　この規格は，建築構造物に使用される冷間プレス成形角形鋼管（以下，角形鋼管という）の直管及びテーパー管について規定する．
2. **種類及び記号**　角形鋼管の種類は降伏点又は耐力によって2種類とし，その記号は表1による．

表1　種類の記号

種類の記号	（鋼帯または鋼板）
BCP235	（JIS G 3136　SN400B　又はC）*
BCP325	（JIS G 3136　SN490B　又はC）*

　　＊　JIS G 3136（建築構造用圧延鋼材）の規格に冷間加工
　　　　性を考慮し，N規定を付加したもの

備考：1. BCP235，325は冷間プレス成形設備によって，JIS G 3136に規定される建築構造用圧延鋼材に，Nの上限規定を付加した規格を満足する鋼帯又は鋼板を角形断面又は一対の溝形断面に成形し，溶接継目部を半自動若しくは自動アーク溶接して製造される直及びテーパー形の角形鋼管．
（角形断面：1シーム，一対の溝形断面：2シーム）
2. 寸法は以下に示す範囲とする．
辺の長さ×厚さ：200 × 6 mm ～ 1 000 × 40 mm
ただし，長方形断面については，辺の長さ及び厚さが上記の範囲内のものを対象とする．巻末の表に，正方形断面の代表サイズを参考に示す．また，辺の長さ／厚さの値が13.1以上とする（テーパー管は除く）．

7. **寸法，質量及び許容差**

7.1 **寸法及び質量**　角形鋼管の寸法及び質量は，付表による．ただし，角部外側の曲率半径の標準値は，表8による．

7.2 **寸法許容差**　角形鋼管の辺の長さ，各辺の平板部分の凹凸，隣り合った平板部分のなす角度，長さ，曲がり，ねじれ，及び厚さの許容差は表7により，角部外側の曲率半径及びその許容差は表8による．ただし，辺の長さ，各辺の平板部分の凹凸，及び角部外側の曲率半径を測定する位置は，角形鋼管の両端よりそれぞれ50 mmを除く任意の点とする．

表7 寸法許容差

項目及び区分		寸法許容差
辺の長さ		±1.0%かつ±3.0 mm
各辺の平板部分の凹凸		辺の長さの0.5%以下かつ3 mm以下
隣り合った平板部分のなす角度		±1.0°
製品長さ		−0.0　　＋規定せず
曲がり	製品長さ9 m未満	全長の1/1 500以下
	製品長さ9 m以上	全長の1/1 250以下
ねじれ		〔1.5×辺の長さ(mm)/1 000〕×全長(m)mm以下
厚さ	6 mm以上16 mm未満	−0.3 mm　　＋1.0 mm
	16 mm以上25 mm未満	−0.3 mm　　＋1.2 mm
	25 mm以上40 mm以下	−0.3 mm　　＋1.3 mm

備考：1. 平板部分とは角部の曲率部分を除く平坦な板部分をいう．
　　　2. 各辺の平板部分の凹凸及び隣り合った平板部分のなす角度は，溶接の余盛部分を除いた位置で測定する．
　　　3. 曲がりの許容差は，上下，左右の大曲がりに適用する．
　　　4. 厚さの許容差は，平板部分の溶接余盛部分を除いた部分に適用する．

表8　角部外側の曲率半径標準値及び寸法許容差

項目及び区分		角部外側の曲率半径標準値(mm)	寸法許容差(mm)
厚さ（t）	6 mm以上19 mm以下	3.5 t	±0.5 t
	19 mmを超え40 mm以下		±0.4 t

備考：1. 角部外側の曲率半径とは，図1のRをいう．
　　　2. 角部外側の曲率半径は，図1に示す65°の範囲で測定する．
　　　3. 受渡当事者間の協定によって，角部外側の曲率半径標準値よりも大きな曲率半径とすることができる．ただし，この場合の寸法許容差は表8による．

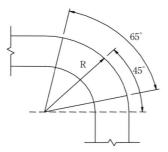

図1　角部外側の曲率半径

　　　4. ただし，テーパー管の場合，テーパー角度に応じて一定曲率範囲が変化するので，表9を目安とする．なお，角部外側の曲率半径の測定角度範囲を超えてR止まりまでの領域には変曲点がないこととする．

表 9 テーパー管の場合の角部外側の曲率半径の測定角度範囲

テーパー角度 (°)	測定角度範囲 (°)
70 未満	40
70 以上 90 未満	49
90	65

8. 外　　　観　角形鋼管の外観は，次による．
   （1）　角形鋼管には，使用上有害な欠点があってはならない．
   （2）　角形鋼管に表面仕上げ若しくはめっきの特別な要求がある場合には，受渡当事者間の協定による．

建築構造用高性能冷間プレス成形角形鋼管 (BCP325T)(抜粋)

1. **適用範囲** この規格は，建築構造物に使用される高性能冷間プレス成形角形鋼管（以下，角形鋼管という）の直管及びテーパー管について規定する．
2. **種類及び記号** 角形鋼管の種類及び記号は表1による．

表1 種類の記号

種類の記号
BCP325T

備考：1. BCP325 Tは，冷間プレス成形設備によって，JIS G 3136 に規定される建築構造用圧延鋼材に，Nの上限規定を付加し，P及びSの上限を厳格化し，あわせてMAG溶接熱影響部靱性指標を規定した規格を満足する鋼帯又は鋼板を角形断面又は一対の溝形断面に成形し，溶接継目部を半自動若しくは自動アーク溶接して製造される直及びテーパー形の角形鋼管．
(角形断面：1シーム，一対の溝形断面：2シーム)
2. 寸法は以下に示す範囲とする．
辺の長さ×厚さ：300 × 12 mm〜1 000 × 40 mm
ただし，長方形断面については，辺の長さ及び厚さが上記の範囲内のものを対象とする．巻末の表に，正方形断面の代表サイズを参考に示す．また，辺の長さ／厚さの値が13.1以上とする（テーパー管は除く）．

7. **寸法，質量及び許容差**

7.1 **寸法及び質量** 角形鋼管の寸法及び質量は，付表による．ただし，角部外側の曲率半径の標準値は，表10による．

7.2 **寸法許容差** 角形鋼管の辺の長さ，各辺の平板部分の凹凸，隣り合った平板部分のなす角度，長さ，曲がり，ねじれ及び厚さの許容差は表9により，角部外側の曲率半径及び許容差は表10による．ただし，辺の長さ，各辺の平板部分の凹凸，及び角部外側の曲率半径を測定する位置は，角形鋼管の両端よりそれぞれ50 mmを除く任意の点とする．

表9 寸法許容差

項目及び区分		寸法許容差
辺の長さ		±1.0%かつ ±3.0 mm
各辺の平板部分の凹凸		辺の長さの0.5%以下かつ3 mm 以下
隣り合った平板部分のなす角度		±1.0°
製品長さ		−0.0　　＋規定せず
曲がり	製品長さ9 m 未満	全長の1/1 500 以下
	製品長さ9 m 以上	全長の1/1 250 以下
ねじれ		〔1.5×辺の長さ(mm)/1 000〕×全長(m)mm 以下
厚さ	12 mm 以上16 mm 未満	−0.3 mm　　＋1.0 mm
	16 mm 以上25 mm 未満	−0.3 mm　　＋1.2 mm
	25 mm 以上40 mm 以下	−0.3 mm　　＋1.3 mm

備考：1．平板部分とは角部の曲率部分を除く平坦な板部分をいう．
　　　2．各辺の平板部分の凹凸及び隣り合った平板部分のなす角度は，溶接の余盛部分を除いた位置で測定する．
　　　3．曲がりの許容差は，上下，左右の大曲がりに適用する．
　　　4．厚さの許容差は，平板部分の溶接余盛部分を除いた部分に適用する．

表10 角部外側の曲率半径標準値及び寸法許容差

項目及び区分		角部外側の曲率半径標準値 (mm)	寸法許容差 (mm)
厚さ (t)	12 mm 以上19 mm 以下	3.5 t	±0.5 t
	19 mm を超え40 mm 以下		±0.4 t

備考：1．角部外側の曲率半径とは，図1のRをいう．
　　　2．角部外側の曲率半径は，図1に示す65°の範囲で測定する．
　　　3．受渡当事者間の協定によって，角部外側の曲率半径標準値よりも大きな曲率半径とすることができる．ただし，この場合の許容差は表10による．

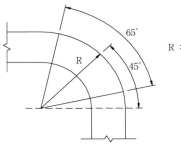

図1 角部外側の曲率半径

　　　4．ただし，テーパー管の場合，テーパー角度に応じて一定曲率範囲が変化するので，表11を目安とする．なお，角部外側の曲率半径の測定角度範囲を超えてR止まりまでの領域には変曲点がないこととする．

表 11 テーパー管の場合の角部外側の曲率半径の測定角度範囲

テーパー角度 (°)	測定角度範囲 (°)
70 未満	40
70 以上 90 未満	49
90	65

8. **外　　観**　角形鋼管の外観は，次による．

（1）　角形鋼管には，使用上有害な欠点があってはならない．

（2）　角形鋼管に表面仕上げ若しくはめっきの特別な要求がある場合には，受渡当事者間の協定による．

付12. JIS Z 8103：2000　計測用語　（抜粋）

a) 一般

番号	用語	定義
1001	計測	特定の目的をもって，事物を量的にとらえるための方法・手段を考究し，実施し，その結果を用い所期の目的を達成させること．

b) 測定

1) 測定の基本

番号	用語	定義
2101	測定	ある量を，基準として用いる量と比較し数値又は符号を用いて表すこと．
2105	量	現象，物体又は物質のもつ属性で，定性的に区別でき，かつ，定量的に決定できるもの．
2114	単位	取決めによって定義され，採用された特定の量であって，同種の他の量の大きさを表すために比較されるもの．
2119	国際単位系	国際度量衡総会によって採択され推奨された一貫性のある単位系．基本単位，それから組み立てられる組立単位及び10の整数乗倍の接頭語からなる． 備考　略称をSIという．

2) 測定の対象

番号	用語	定義
2201	測定対象	測定される物又は現象．
2203	測定量	測定の対象となる量． 備考　測定量は，場合によって測定した量(measured quantity)又は測定する量(quantity to be measured)のこともある．
2204	測定点	測定対象が空間的又は時間的に広がりをもっている場合に，実際に測定を行う位置又は時刻．

4) 測定の種類

番号	用語	定義
2401	直接測定	測定量と関数関係にある他の量の測定にはよらず，測定量の値を直接求める測定． 備考　測定値に対して補正を行うために，影響量の値を決定する補正的測定を行う必要があったとしても，その方法が直接測定であることに変わりはない．
2402	間接測定	測定量と一定の関係にある幾つかの量について測定を行って，それから測定値を導き出すこと．
2405	比較測定	同種類の量と比較して行う測定．

6) 誤差及び精度

番号	用語	定義
2601	真の値	ある特定の量の定義と合致する値. 備考　特別な場合を除き，観念的な値で，実際には求められない.
2602	(取決めによる)真の値	取決めによって，ある目的に対して妥当な不確かさをもつものとして受け入れられた値. 備考　標準器については，それが現実にもつ値.
2603	測定値	測定によって求めた値.
2604	誤差	測定値から真の値を引いた値. 備考　誤差の真の値に対する比を相対誤差という．ただし，間違えるおそれがない場合には，単に誤差といってもよい.
2605	かたより	測定値の母平均から真の値を引いた値.
2606	ばらつき	測定値の大きさがそろっていないこと．また，ふぞろいの程度. 備考　ばらつきの大きさを表すには，例えば，標準偏差を用いる.
2607	まちがい	測定者が気付かずにおかした誤り，又はその結果求められた測定値.
2608	系統誤差	測定結果にかたよりを与える原因によって生じる誤差.
2609	偶然誤差	突き止められない原因によって起こり，測定値のばらつきとなって現れる誤差.
2612	総合誤差	種々の要因によって生じる誤差のすべてを含めた総合的な誤差.
2621	正確さ	かたよりの小さい程度. 備考　推定したかたよりの限界の値で表した値を正確度，その真の値に対する比を正確率という. 参考　JIS Z 8101-2 (統計—用語と記号—第2部：統計的品質管理用語) では真度，正確さという.
2622	精密さ 精密度	ばらつきの小さい程度. 参考　JIS Z 8101-2では精度，精密度，精密さという.
2623	精度	測定結果の正確さと精密さを含めた，測定量の真の値との一致の度合い. 参考　JIS Z 8101-2では精確さ，総合精度という.
2626	補正	系統誤差を補償するために，補正前の結果に代数的に加えられる値又はその値を加えること. 備考1．補正は系統誤差の推定値の逆符号の値に等しい. 　　　2．補正と読み取った値又は計算値との比を補正率といい，補正率を百分率で表した値を補正百分率という. 　　　3．考えられる系統誤差を補償するために，補償前の測定結果に乗じる係数を補正係数 (correction factor) という.
2627	個人誤差	測定者固有のくせによって，測定上又は調整上生じる誤差.
2628	視差	読取りに当たって視線の方向によって生じる誤差.
2629	許容差	a)　基準にとった値と，それに対して許容される限界の値との差. b)　ばらつきが許容される限界の値. 備考　基準にとった値に対する比又は百分率で表してもよい.
2630	公差	規定された最大値と最小値との差. 備考　計量法では，許容差のa)の意味で公差 (maximum permissiible error) が用いられる.

d) 計測器
　1) 種類

番号	用語	定義
4101	計測器	計器，測定器，標準器などの総称． 備考　計器，測定器など個々のものを計測器という場合は，それが計測器に含まれるという意味で用いる．
4102	測定器	測定を行うための器具装置など．
4104	計器	a) 測定量の値，物理的状態などを表示，指示又は記録する器具． 備考　検出器，伝送器などを含めた器具全体を指す場合もあれば，表示，指示又は記録を担当する器具だけを指す場合もある． b) a)で規定する器具で，調節，積算，警報などの機能を併せもつもの．

　3) 性能及び特性

番号	用語	定義
4315	信頼性	計測器又はその要素が，規定の条件の範囲内で規定の機能と性能を保持する時間的安定性を表す性質又は度合い．
4323	安定性	計測器又はその要素の特性が，時間の経過又は影響量の変化に対して一定で変わらない程度若しくは度合い． 備考　数値で定量的に表すときは安定度といってもよい．
4342	校正	計器又は測定系の示す値，若しくは実量器又は標準物質の表す値と，標準によって実現される値との間の関係を確定する一連の作業． 備考　校正には，計器を調整して誤差を修正することは含まない．
4343	調整	計器をその状態に適した動作状態にする作業． 備考　調整は，自動，半自動又は手動であり得る．
4345	器差	a) 測定器が示す値から示すべき真の値を引いた値． b) 標準器の公称値から真の値を引いた値．
4353	公称値	標準器又は測定器に与えられた名目上の値．

e) データ処理
　1) 測定値

番号	用語	定義
5101	測定値の母集団	同一条件の下で求められるべき，すべての測定値(無限個)の集まり．
5102	測定値の試料	同一条件の下でランダムに求められる有限個数の測定値の一組． 備考　測定値の母集団から各々の測定値を，同一の確率でランダムに抜き取ったとき，その測定値の一組が，測定値の試料である．
5103	読み	測定量について，計測器から得たままの値．
5104	有効数字	測定結果などを表す数字のうちで，位取りを示すだけの0を除いた，意味がある数字． 備考　データ処理上，意味がある数字と測定上意味がある数字とは必ずしも一致しない．

2) 統計的処理

番号	用語	定義
5201	平均値 平均	a) 測定値の試料については，測定値を全部加えて，その個数で割った値．すなわち，測定値の算術平均． b) 測定値の母集団では，確率密度関数を $f(x)$ とすれば $$\mu = \int_{-\infty}^{\infty} x f(x)\,dx$$ として求められる μ の値． 備考　測定値の母集団についての平均値を母平均(population mean)といい，測定値の試料についての平均値を試料平均(sample mean)という．
5202	重み付き平均	重み $w_1, w_2, \cdots, w_n$ をもつ測定値 $x_1, x_2, \cdots, x_n$ について，次の式で表される値． $$\sum_{i=1}^{n} w_i x_i \Big/ \sum_{i=1}^{n} w_i$$ ここに，重み $w_1, w_2, \cdots, w_n$：負でない実数．
5203	メジアン 中央値	a) 測定値の試料については，測定値を大きさの順に並べたとき，ちょうどその中央の値（奇数個の場合）又は中央を挟む二つの値の算術平均（偶数個の場合）． b) 測定値の母集団では，確率密度関数を $f(x)$ とすれば $$\int_{-\infty}^{\bar{\mu}} f(x)\,dx = \int_{\bar{\mu}}^{+\infty} f(x)\,dx = \frac{1}{2}$$ となるような $\bar{\mu}$ の値．
5204	偏差	測定値から母平均を引いた値．
5205	残差	測定値から試料平均を引いた値．
5209	分散	a) 測定値の試料 $(x_1, x_2, \cdots, x_n)$ については，次の式で表される値． $$\sum_{i=1}^{n}(x_i - \bar{x})^2/(n-1)$$ ここに，$\bar{x}$：試料平均 b) 測定値の母集団では，確率密度関数を $f(x)$ とするとき，次の式で表される σ^2 の値． $$\sigma^2 = \int_{-\infty}^{\infty}(x-\mu)^2 f(x)\,dx$$ ここに，μ：母平均． 備考　測定値の試料についての分散を不偏分散(mean square)ともいい，測定値の母集団についての分散を母分散(population-variance)ともいう．
5210	標準偏差	分散の正の平方根． 備考　不偏分散の正の平方根を試料標準偏差又は実験標準偏差(experimental standard deviation)ともいう．

付 13. JIS Z 8401 : 1999　数値の丸め方　（抜粋）

1. **適用範囲**　この規格は，鉱工業において用いる十進法の数値の丸め方について規定する．
2. **数値の丸め方**

a) 丸めるとは，与えられた数値を，ある一定の丸めの幅の整数倍がつくる系列の中から選んだ数値に置き換えることである．この置き換えた数値を丸めた数値と呼ぶ．

　　例 1.　丸めの幅：0.1

　　　　　整数倍：12.1, 12.2, 12.3, 12.4, …

　　例 2.　丸めの幅：10

　　　　　整数倍：1 210, 1 220, 1 230, 1 240, …

b) 与えられた数値に最も近い整数倍が一つしかない場合には，それを丸めた数値とする．

　　例 1.　丸めの幅：0.1

与えられた数値	丸めた数値
12.223	12.2
12.251	12.3
12.275	12.3

　　例 2.　丸めの幅：10

与えられた数値	丸めた数値
1 222.3	1 220
1 225.1	1 230
1 227.5	1 230

c) 与えられた数値に等しく近い，二つの隣り合う整数倍がある場合には，次の規則 A が用いられる．

　　規則 A　丸めた数値として偶数倍のほうを選ぶ．

　　例 1.　丸めの幅：0.1

与えられた数値	丸めた数値
12.25	12.2
12.35	12.4

　　例 2.　丸めの幅：10

与えられた数値	丸めた数値
1 225.0	1 220
1 235.0	1 240

　備　考　規則 A には，例えば，一連の測定値をこの方法で処理するとき，丸めによる誤差が最小になるという特別な利点がある．

参考 1. c) の場合,次の規則 B が用いられることもある.
規則 B 丸めた数値として大きい整数倍のほうを選ぶ.

例 1. 丸めの幅:0.1

与えられた数値	丸めた数値
12.25	12.3
12.35	12.4

例 2. 丸めの幅:10

与えられた数値	丸めた数値
1 225.0	1 230
1 235.0	1 240

2. 規則 B は,電子計算機による処理において広く用いられている.
3. 丸めの幅を $d \times 10^k$ (d, k は整数,ただし,$1 \leq d \leq 9$) とすれば,有効数字は丸めた数値の 10^k 以上の位の数字列として表す.例えば,丸めの幅を $10^{-2} = 0.01$ とすれば,10^{-2} 以上の位,すなわち,小数点以下 2 位までの数字列が有効数字となる.
4. 丸めの幅を 10^k (k は整数) とすれば,規則 B はいわゆる四捨五入である.
なお,丸めの幅を 5×10^k (k は整数) とした二捨三入・七捨八入も特定の分野で用いられている.
5. この規格では対象となる数値として正の数値しか想定していない.負の数値を対象とする場合は,その絶対値に適用しなければならない.

d) 規則 A,B を 2 回以上使って丸めることは,誤差の原因となる.したがって,丸めは,常に 1 段階で行わなければならない.
例 12.251 は,12.3 と丸めるべきであって,まず 12.25 とし,次いで 12.2 としてはならない.
e) 規則 A,B は,丸めた数値の選び方について何の考慮すべき基準もない場合にだけ適用すべきである.安全性の要求又は一定の制限を考慮しなければならないときは,例えば,常に一定方向へ丸めるほうがよいことがある.
f) 丸めの幅を表示することが望ましい.

鉄骨精度測定指針

1982年10月10日　第1版第1刷
1986年7月1日　第2版第1刷
1991年2月1日　第3版第1刷
1996年11月5日　第4版第1刷
2003年5月20日　第5版第1刷（SI単位版）
2007年2月15日　第6版第1刷
2014年10月5日　第7版第1刷
2018年1月15日　第8版第1刷
2024年4月10日　　　　第4刷

編　　集　一般社団法人　日本建築学会
著作人
印刷所　株式会社　東　京　印　刷
発行所　一般社団法人　日本建築学会
　　　　108-8414　東京都港区芝 5-26-20
　　　　電　話・（03）3456 - 2051
　　　　FAX・（03）3456 - 2058
　　　　http://www.aij.or.jp/
発売所　丸善出版株式会社
　　　　101-0051　東京都千代田区神田神保町 2-17
　　　　　　　　神田神保町ビル
　　　　電　話・（03）3512-3256

Ⓒ 日本建築学会 2018

ISBN978-4-8189-1080-5　C3052